GAODENG ZHIYE JIAOYU GONGCHENG ZAOJIA ZHUANYE XILIE JIAOCAI

高等职业教育

工程造价专业系列教材

DAOLU GONGCHENG ZHITU YU SHITU XITIJI

道路工程制图与识图习题集

主　编　王海春　曹雪梅

参　编　（以姓氏笔画为序）

王　荣　杨墉金　庞小滢　姚青梅　郭超群

重庆大学出版社

内容提要

本书为《道路工程制图与识图》的配套教材。主要内容包括：制图基础部分的字体练习、制图基本知识练习；投影基本知识部分的投影图练习；点、直线和平面部分的点的投影、直线的投影、平面的投影练习；简单立体投影部分的正等轴测投影、斜二轴测投影等练习；组合体投影部分的正等轴测投影、斜二轴测投影等练习；剖面图和断面图部分剖面图、断面图画法的练习；标高投影部分直线、平面、曲面的标高投影等练习；道路工程图部分的地面线、设计线、高程及横断面练习；桥隧工程图部分的桥位平面图、作业指示等练习以及计算机绘图部分的练习。本教材习题精炼、针对性强，适合于高等职业教育工程造价专业的学生学习使用，建议最好与主教材一起使用。

图书在版编目(CIP)数据

道路工程制图与识图习题集/王海春，曹雪梅主编.
—2版.—重庆：重庆大学出版社，2011.5(2012.5重印)
高等职业教育工程造价专业系列教材
ISBN 978-7-5624-2911-1

Ⅰ.①道… Ⅱ.①王…②曹… Ⅲ.①道路工程—工程制图—高等职业教育—习题集②道路工程—工程制图—识图法—高等职业教育—习题集 Ⅳ.①U412.5-44

中国版本图书馆CIP数据核字(2011)第087061号

高等职业教育工程造价专业系列教材
道路工程制图与识图习题集
(第2版)
主编 王海春 曹雪梅
责任编辑：刘颖果 版式设计：刘颖果
责任校对：李定群 责任印制：赵 晟
*
重庆大学出版社出版发行
出版人：邓晓益
社址：重庆市沙坪坝区大学城西路21号
邮编：401331
电话：(023) 88617183 88617185(中小学)
传真：(023) 88617186 88617166
网址：http://www.cqup.com.cn
邮箱：fxk@cqup.com.cn (营销中心)
全国新华书店经销
自贡兴华印务有限公司印刷
*
开本：787×1092 1/16 印张：10.75 字数：273千
2011年5月第2版 2012年5月第4次印刷
印数：7 501—9 500
ISBN 978-7-5624-2911-1 定价：20.00元

编委会

特别鸣谢(排名不分先后)

天津理工大学经济管理学院
重庆市建设工程造价管理总站
重庆大学
重庆交通大学应用技术学院
重庆工程职业技术学院
平顶山工学院
徐州建筑职业技术学院
番禺职业技术学院
青海建筑职业技术学院
浙江万里学院
济南工程职业技术学院
湖北水利水电职业技术学院
洛阳大学
邢台职业技术学院
鲁东大学
成都大学
四川交通职业技术学院
湖南交通职业技术学院
青海交通职业技术学院
河北交通职业技术学院
江西交通职业技术学院
新疆交通职业技术学院
甘肃交通职业技术学院
山西交通职业技术学院
云南交通职业技术学院
重庆市建筑材料协会
重庆市交通大学管理学院
重庆市建设工程造价管理协会
重庆泰莱建设工程造价咨询有限公司
重庆江津市建设委员会

序

《高等职业教育工程造价专业系列教材》共计12种，由重庆大学出版社于1992年正式出版发行，又于2002年进行了第2版的修订再版。2005年又在此基础上进行再次修订和扩充。该系列教材自问世以来，受到全国各有关院校师生及工程技术人员的欢迎，产生了一定的社会反响。编委会就广大读者对该系列教材出版的支持、认可与厚爱，在此表示衷心的感谢。

随着我国社会经济的蓬勃发展，建筑业管理体制改革的不断深化，工程技术和管理模式的更新与进步，以及近年来我国工程造价计价模式和高等职业教育人才培养模式都有了较大的变化，这些变化必然对该专业系列教材的体系构成和教学内容提出更高的要求。为适应我国“高等职业教育工程造价专业”人才培养的需要，并以系列教材建设促进其专业发展，重庆大学出版社通过全面的信息跟踪和调查研究，在广泛征求有关院校师生和同行专家意见的基础上，决定重新改版、扩充《高等职业教育工程造价专业系列教材》。

本系列教材的编写是根据国家教育部制定颁发的《高职高专教育专业人才培养目标及规格》和《工程造价专业教育标准和培养方案》，以社会对工程造价专业人员的知识、能力及素质需求为目标，以国家注册造价工程师考试的内容为依据，以最新颁布的国家和行业规范、标准、法规为标准而编写的。本系列教材针对高等职业教育的特点，基础理论的讲授以应用为目的，以必需、够用为度，突出技术应用能力的培养，反映国内外工程造价专业发展的最新动态，体现我国当前工程造价管理体制改革的精神和主要内容，完全能够满足培养德、智、体全面发展的，掌握本专业基础理论、基本知识和基本技能，获得造价工程师初步训练，具有良好综合素质和独立工作能力，会编制一般土建、安装、装饰、工程造价，初步具有进行工程造价管理和过程控制能力的高等技术应用型人才。

由于现代教育技术在教学中的应用和教学模式的不断变革，教材作为学生学习功能的唯一性正在淡化，而学习资料的多元性也正在加强。因此，为适应高等职业教育“弹性教学”的需要，满足各院校根据建筑企业需求，灵活调整及设置专业培养方向。我们采用了专业“共用课程模块+专业课程模块”的教材体系设置，给各院校提供了发挥个性和设置专业方向的空间。

本系列教材的体系结构如下：

共用课程模块	建筑安装模块	道路桥梁模块
建设工程法律法规	建筑工程材料	公路工程材料
工程造价信息管理	建筑结构基础	公路工程经济
工程成本和控制	建设工程监理	道路工程概论
工程测量	建筑工程技术经济	公路工程监理概论
工程造价专业英语	建设工程项目管理	公路工程施工组织设计
	建筑识图与房屋构造	道路工程制图与识图
	建筑识图与房屋构造习题集	道路工程制图与识图习题集
	装饰构造与施工工艺	公路工程施工与计量
	电气工程识图与施工工艺	桥隧施工工艺与计量
	管道工程识图与施工工艺	公路工程造价编制与案例
	建筑工程施工工艺	公路工程招投标与合同管理
	建筑工程造价	公路工程施工放样
	安装工程造价	
	安装工程造价编制指导	
	装饰工程造价	
	建设工程造价管理	
	建设工程招投标与合同管理	
	建筑工程造价实训	

注：①本系列教材赠送电子教案。

②希望各院校和企业教师、专家参与本系列教材的建设，并请毛遂自荐担任后续教材的主编或参编，联系 E-mail：lich@cqup.com.cn。

这次该系列教材的重新编写出版，不仅每门课程的内容都做了较大增加和删改，还新增了9门课程。从而，拓宽了该专业的适应面和培养方向，给各有关院校的专业设置提供了更多的空间。这说明，该系列教材是完全适应工程造价相关专业教学需要的一套好教材，并在此推荐给有关院校和广大读者。

编委会

2005年10月

前言

本习题集与重庆大学出版社出版的《道路工程制图与识图》(曹雪梅、王海春主编)配套使用。其内容深度及顺序紧扣教材,选题适当、循序渐进、层次分明、重点突出。为适应教学改革的需要,在保证掌握投影基本理论的基础上,注重了学生空间思维与解决问题能力的培养,加强了形体表达方面的内容,尽可能联系生产实际,以更加适合高职教育的需要。

本习题集紧扣主教材,除第 9 章和第 10 章没有配相应的习题外,主要内容包括制图基础部分的字体练习、制图基本知识练习;投影基本知识部分的投影图练习;点、直线和平面部分的点的投影、直线的投影、平面的投影练习;简单立体投影部分的正等轴测投影、斜二轴测投影等练习;组合体投影部分的正当轴测投影、斜二轴测投影等练习;剖面图和断面图部分剖面图、断面图画法的练习;标高投影部分直线、平面、曲面的标高投影等练习;道路工程图部分的地面线、设计线、高程及横断面练习;桥隧工程图部分的桥位平面图、作业指示等练习以及计算机绘图部分的练习。

本教材由王海春、曹雪梅主编。各部分的编者是:第 1,2 章由山西交通职业技术学院郭超群编写;第 3 章由四川交通职业技术学院庞小滢编写;第 4,5,6 章由四川交通职业技术学院曹雪梅编写;第 7 章由江西建设职业技术学院杨墉金编写;第 8 章由青海交通职业技术学院王海春编写;第 11 章由青海交通职业技术学院姚青梅编写;第 12 章由青海交通职业技术学院王荣编写。全书由王海春统稿定稿。

为了培养认真、严谨的工作作风与良好的素质,要求学生在完成作业时,严格遵守《国标》规定,一丝不苟,精确细致。规定所有习题解答一律用铅笔作图,作图线轻而细,结果要加深,达到清晰准确的要求,制图作业则严格按照作业指示书中的要求进行,确保图面质量。

由于编者水平有限,本习题集难免有不妥之处,恳请使用者批评指正。

编　者

2006 年 12 月

目录

练习一　字体练习

(1)练习数字及字母。

1 2 3 4 5 6 7 8 9 0

ABCDEFGHIJKLMNOPQRSTUVWXYZ

abcdefghijklmnopqrstuvwxyz

专业班级		姓　名		学　号		日　期		评　阅	

(2)练习字体。

公 路 与 桥 梁 工 程 标 准 图 集 路 基 路 面 桥 梁 隧 道 土 方 石 方 涵 洞 工 程

结 构 施 工 设 计 尺 寸 标 注 角 度 高 差 高 程 线 型 平 立 侧 剖 截 断 面 尺 寸

水 泥 砂 子 碎 石 卵 石 块 石 石 灰 粉 煤 灰 木 材 水 钢 筋 沥 青 砂 浆 混 凝 土

专业班级		姓　名		学　号		日　期		评　阅	

(3)字体衬格。

2号

2.5号

3.5号

5号

5号

7号

10号

14号

专业班级		姓　名		学　号		日　期		评　阅	

练习二　制图基本知识练习

(1)按 1 : 1 抄绘下列图样。

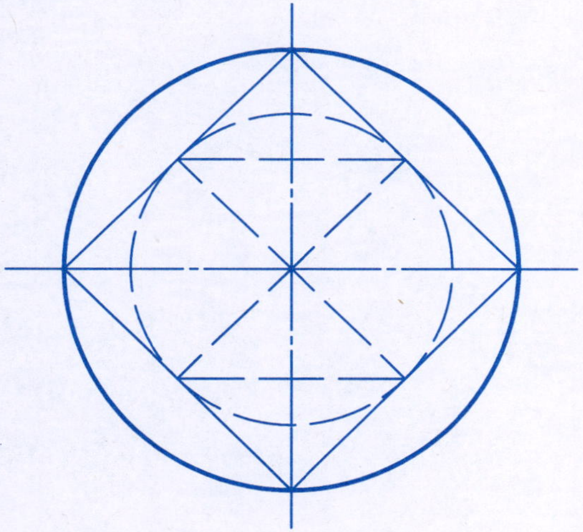

(2)已知长轴为 60 mm,短轴为 40 mm,画椭圆。

专业班级		姓　名		学　号		日　期		评　阅	

(3) 根据对称图形补画右侧图形。

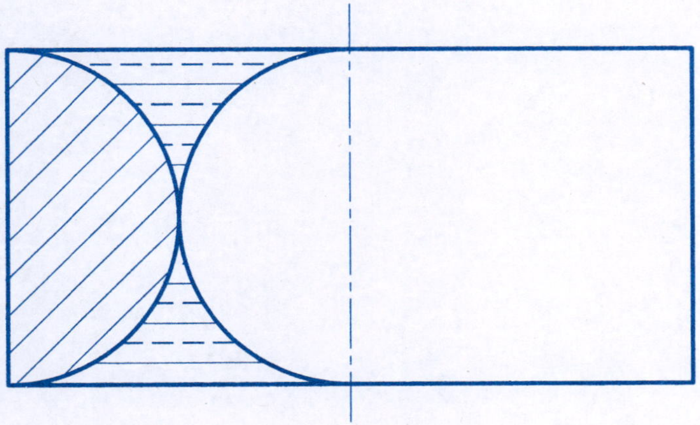

(4) 指出图中尺寸标注的错误。

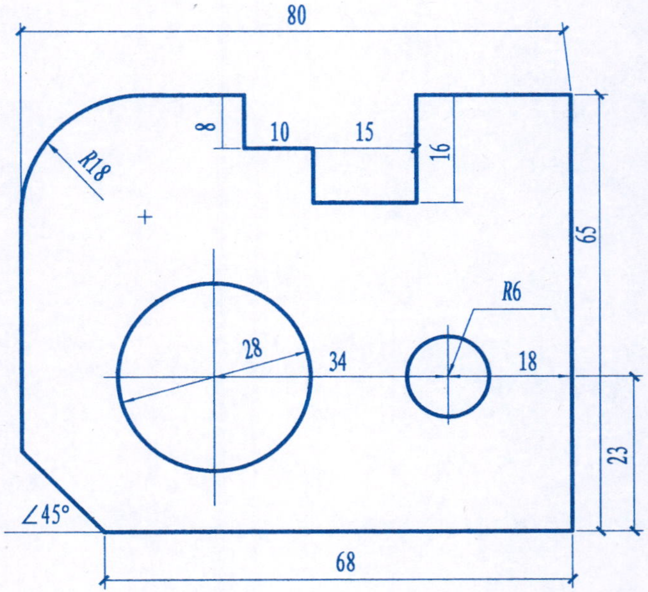

专业班级		姓　名		学　号		日　期		评　阅	

(5)按左侧图样补画右侧图形(对称图形)。

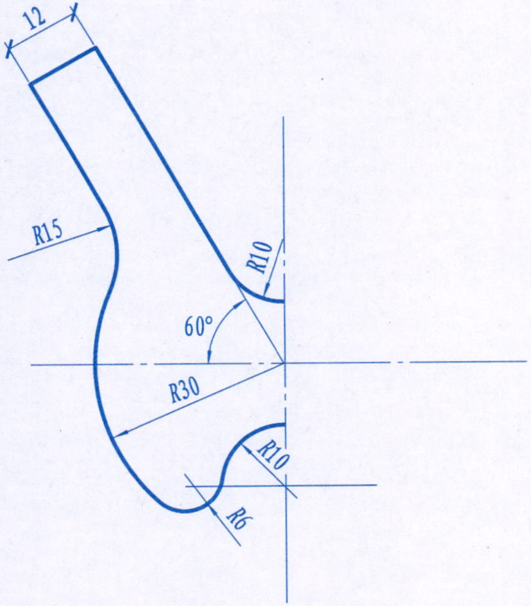

(6)按 1∶20 比例在 A3 图纸上画下列图样。

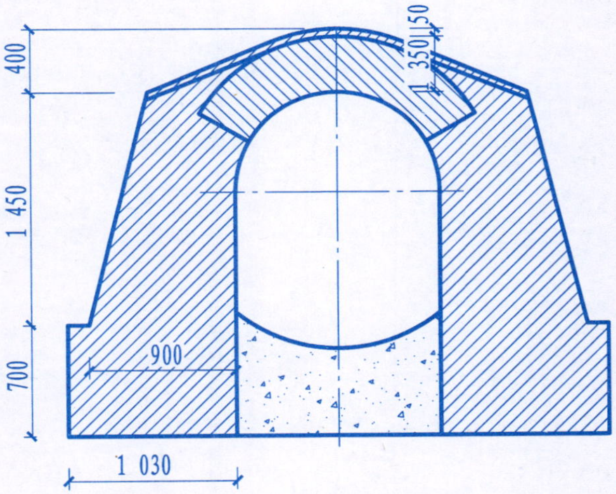

涵洞1∶40

专业班级		姓　名		学　号		日　期		评　阅	

练习一 根据立体图补全其三面投影图

(1)

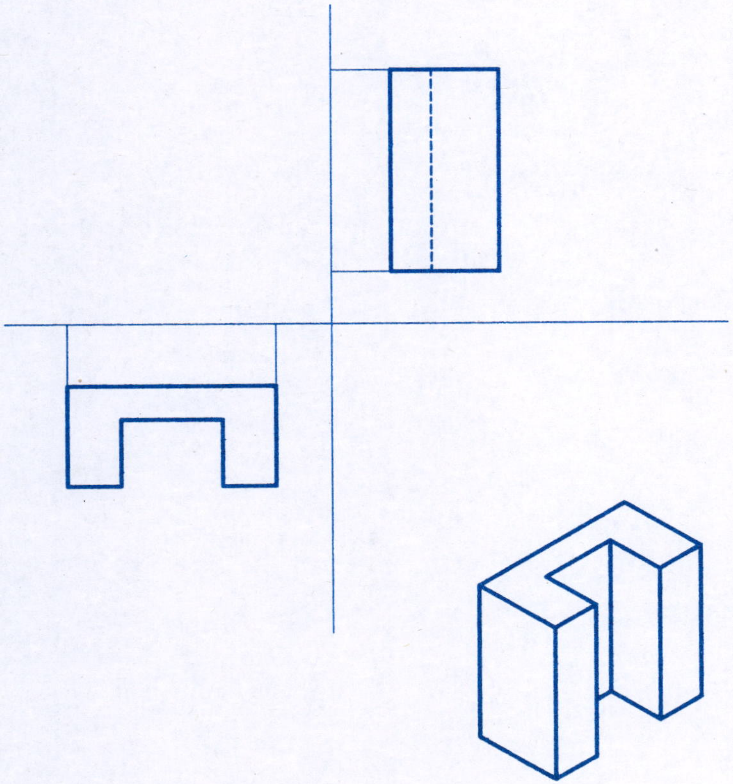

(2)

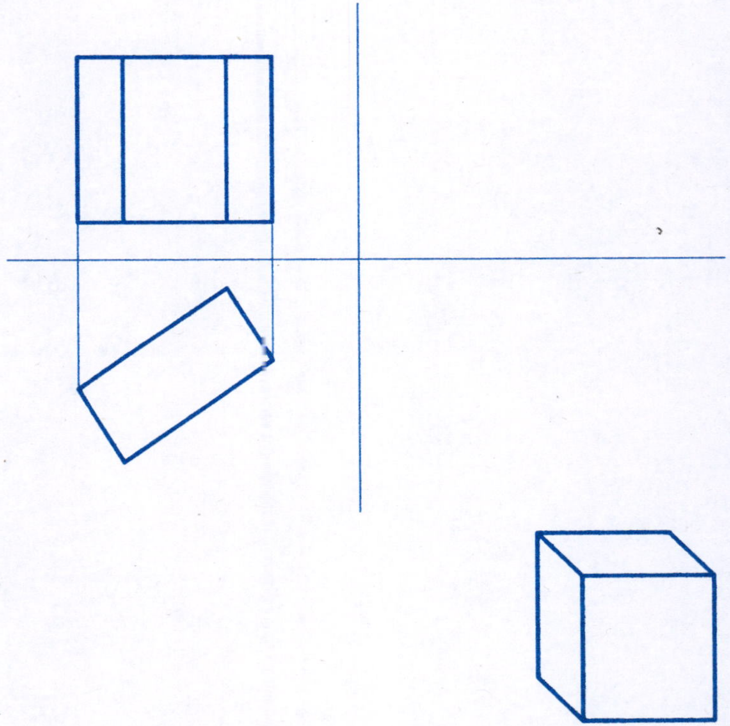

专业班级		姓 名		学 号		日 期		评 阅	

(3)

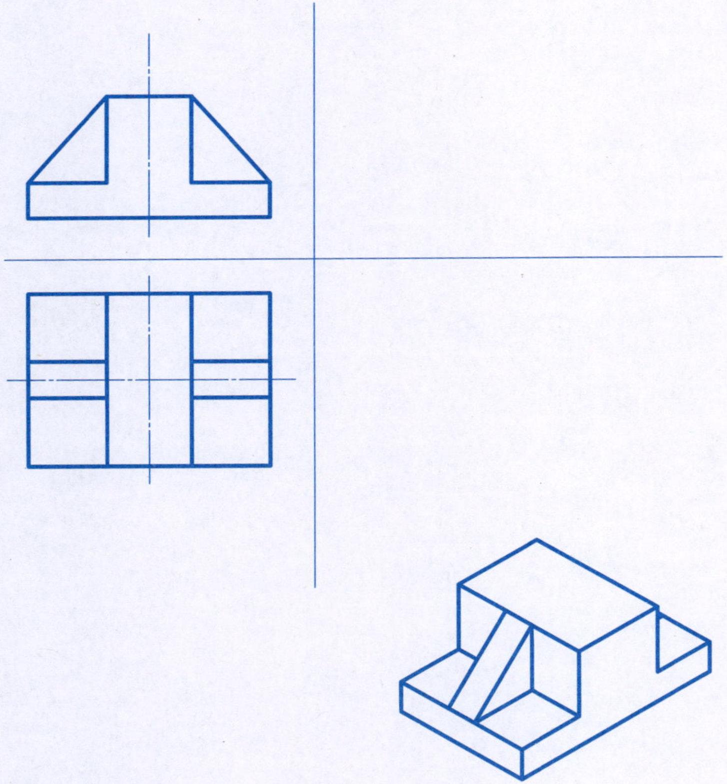

(4)

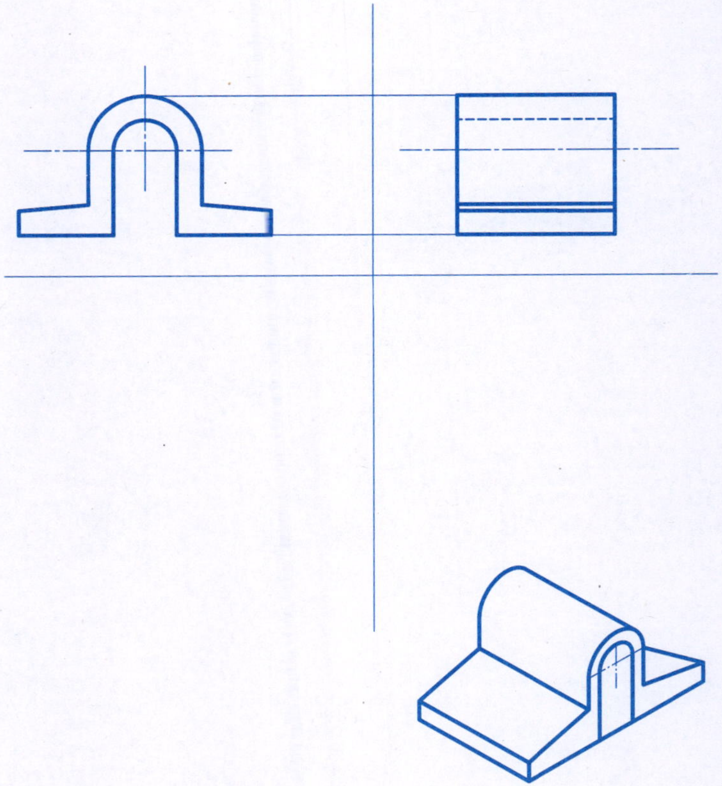

专业班级		姓　名		学　号		日　期		评　阅	

(5)

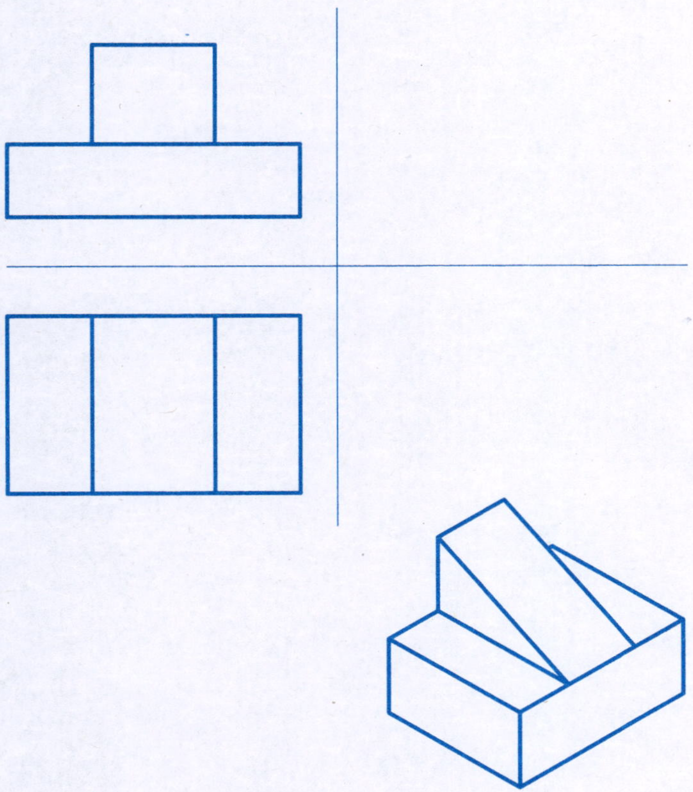

(6)

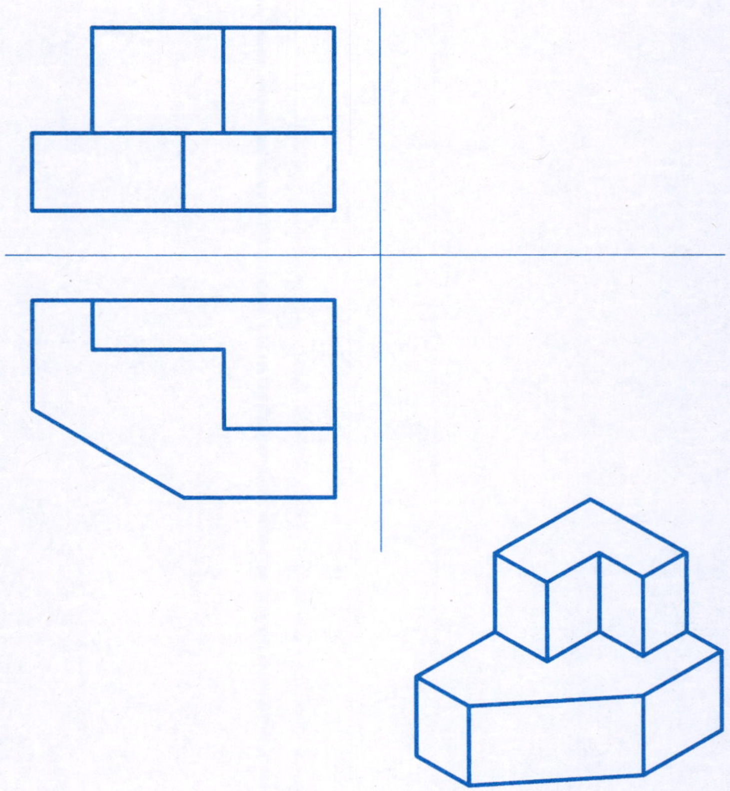

专业班级		姓　名		学　号		日　期		评　阅	

练习二　根据投影图找出相应的直观图

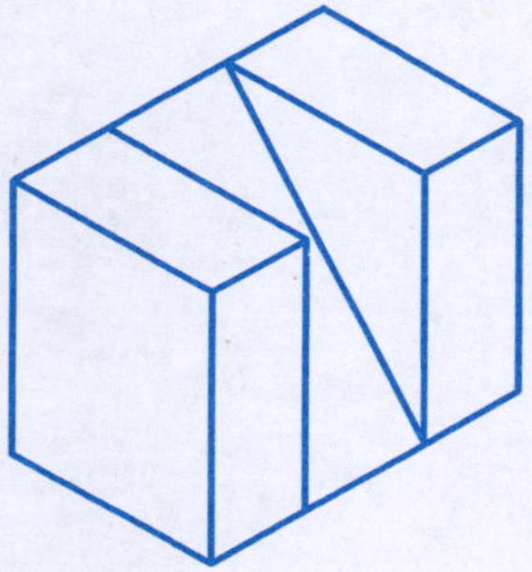

(1)

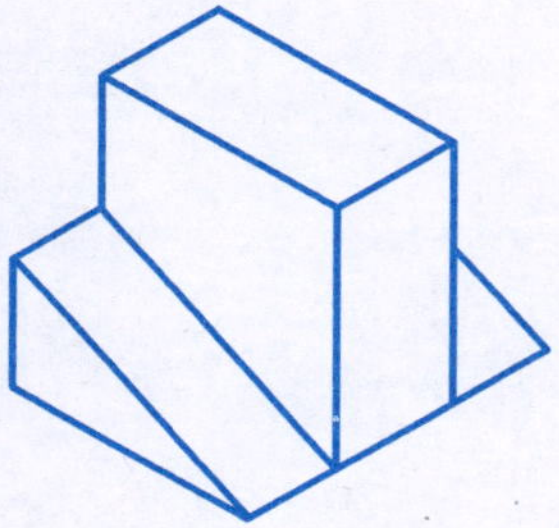

(2)

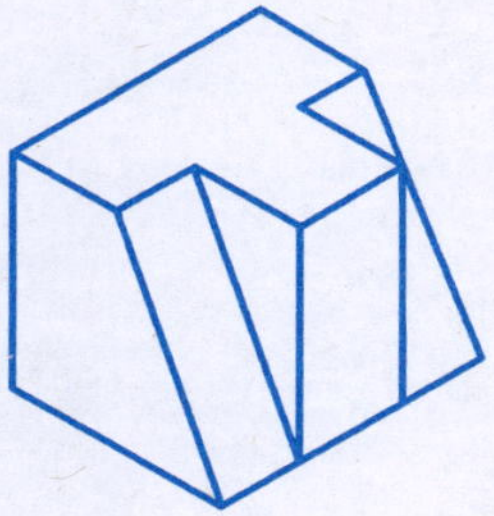

(3)

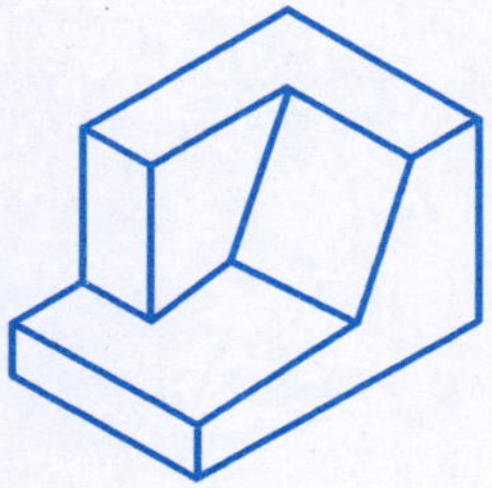

(4)

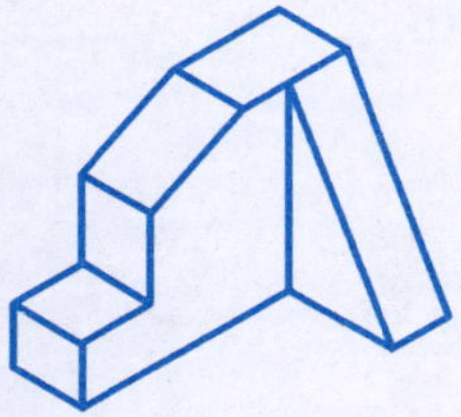

(5)

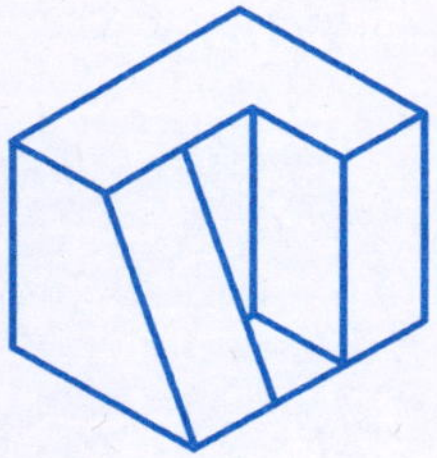

(6)

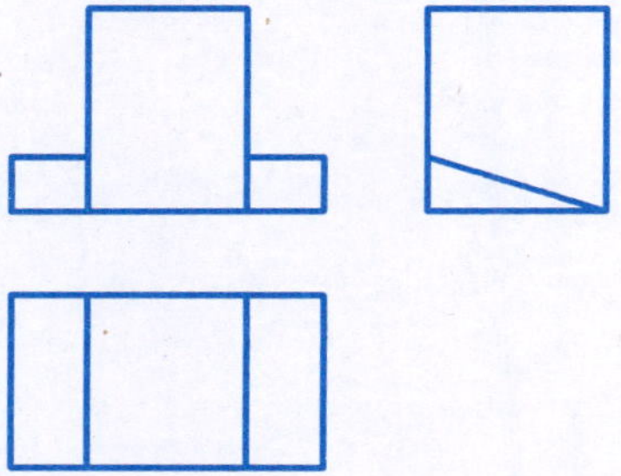

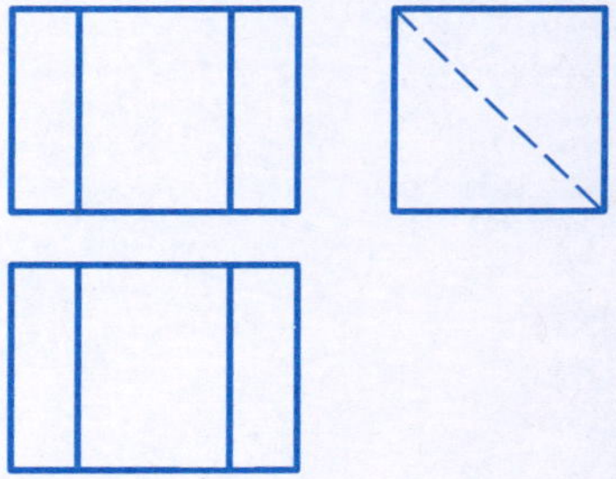

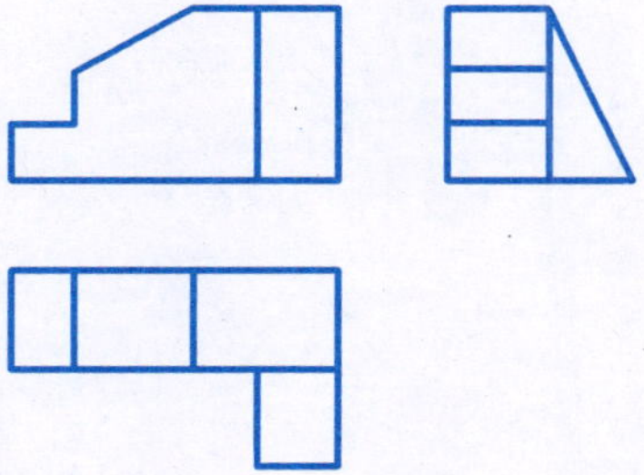

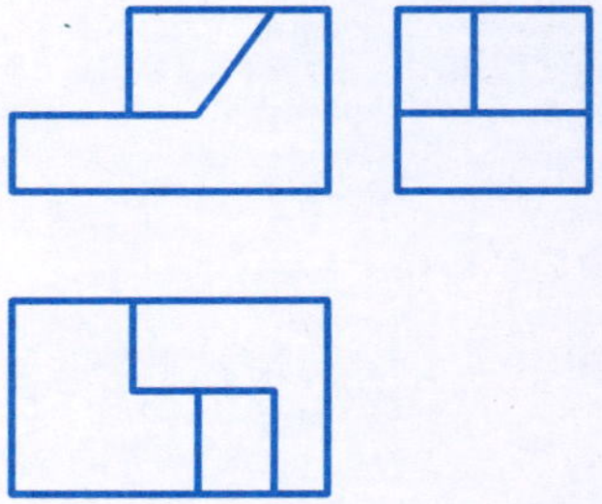

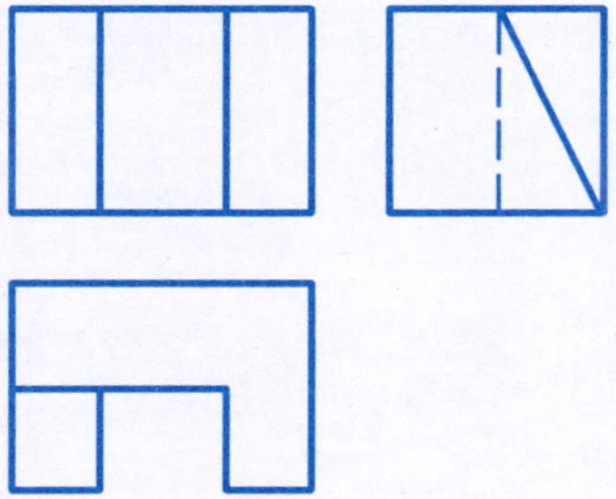

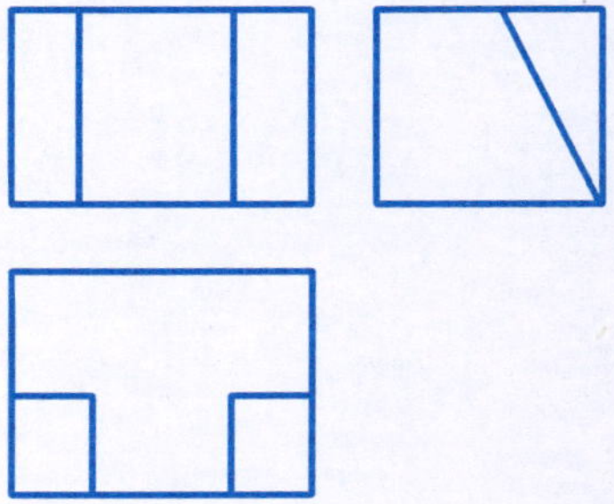

专业班级		姓　名		学　号		日　期		评　阅	

练习一 点的投影练习

(1)已知点的两面投影,补第三面投影。

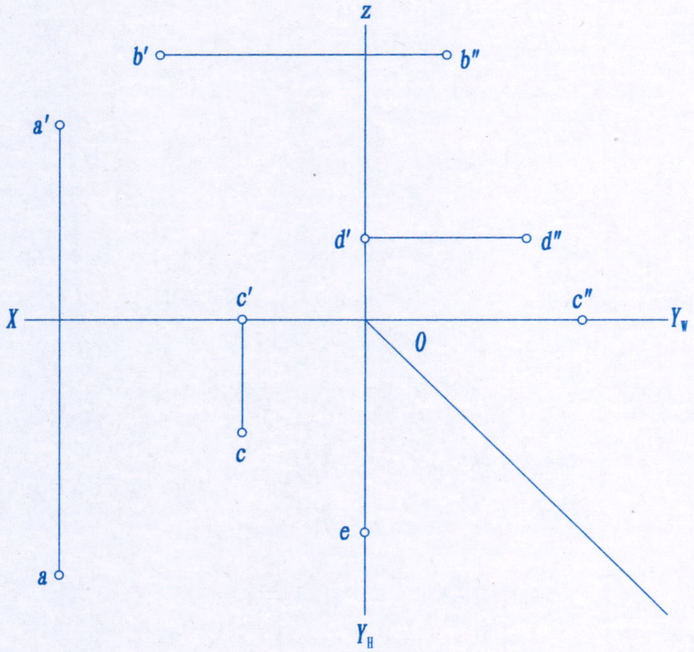

(2)已知 A 点距 V,H,W 面分别为 10,15,20 mm,作其三面投影图和正等轴测图。

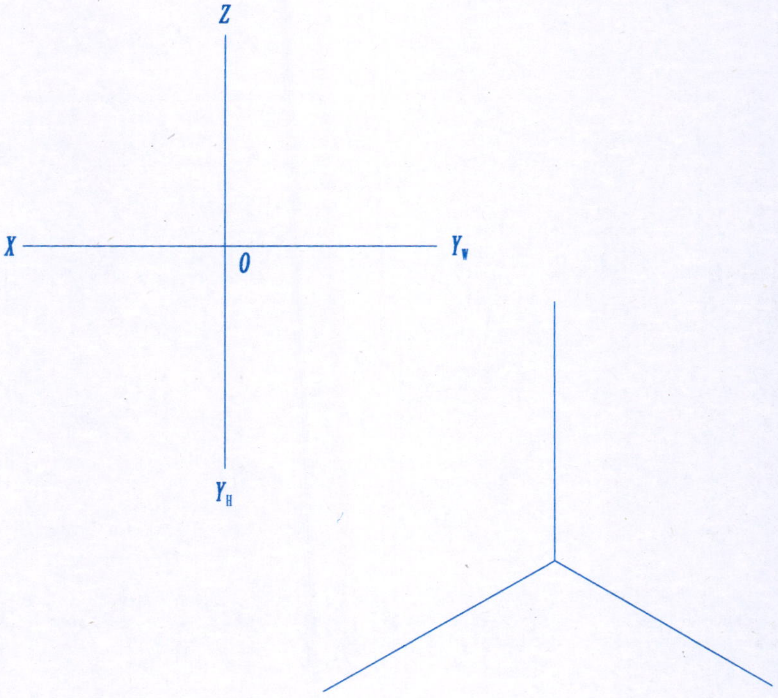

专业班级		姓　名		学　号		日　期		评　阅	

(3)已知 *A* 点的坐标为(10,20,15),作其三面投影图和斜二轴测图。

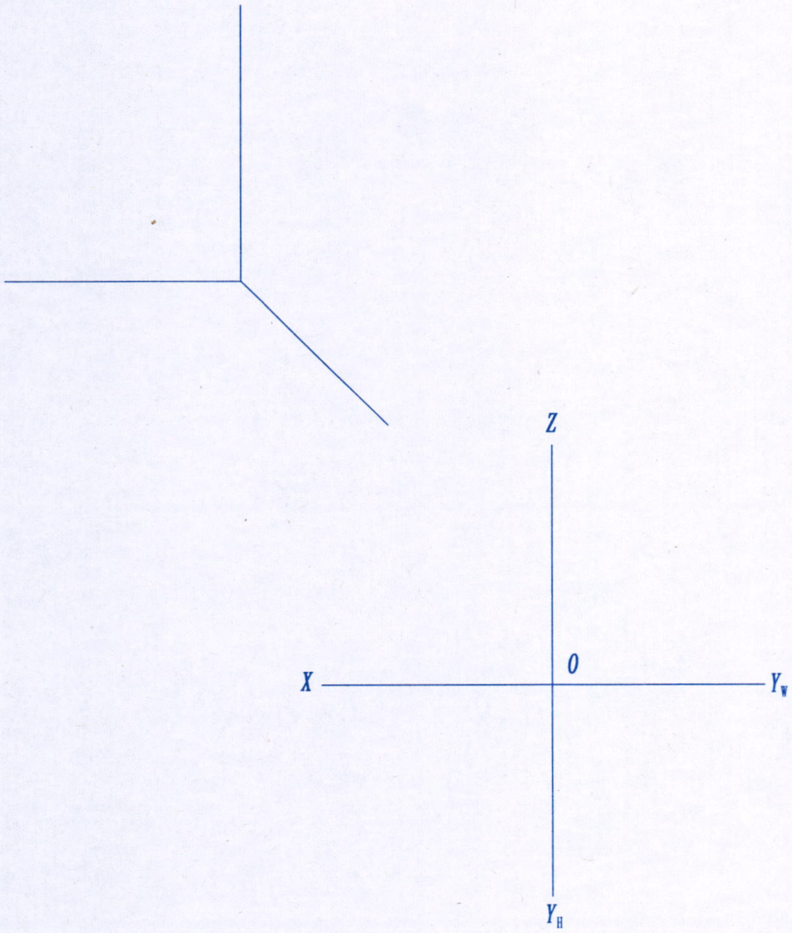

(4)补全 *A*,*B* 两点的三面投影,并判断两点的相对位置。

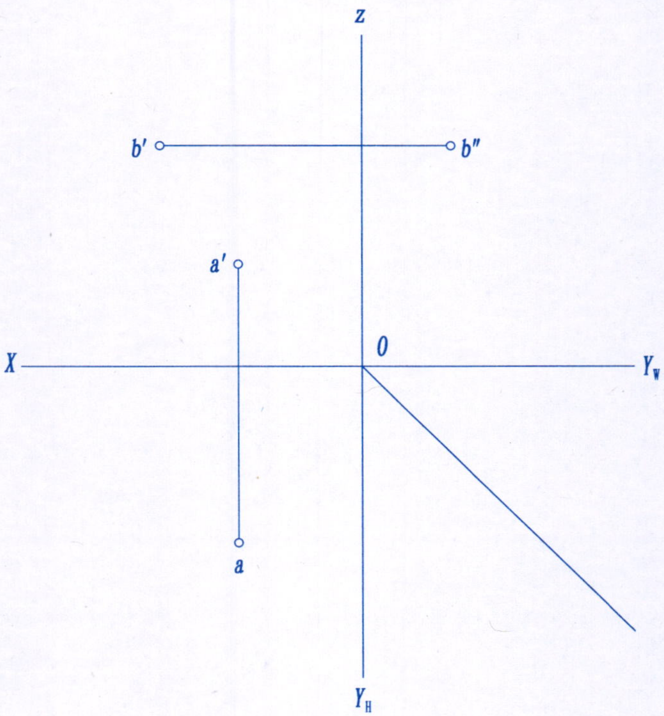

A 点在 *B* 点的____________

专业班级		姓　名		学　号		日　期		评　阅	

(5)已知 A,B 两点同高,B 点在 A 点之右,Aa' = 20 mm、Bb' = 10 mm,且 A,B 两点的 H 面投影相距 50 mm,求 A,B 两点的两面投影。

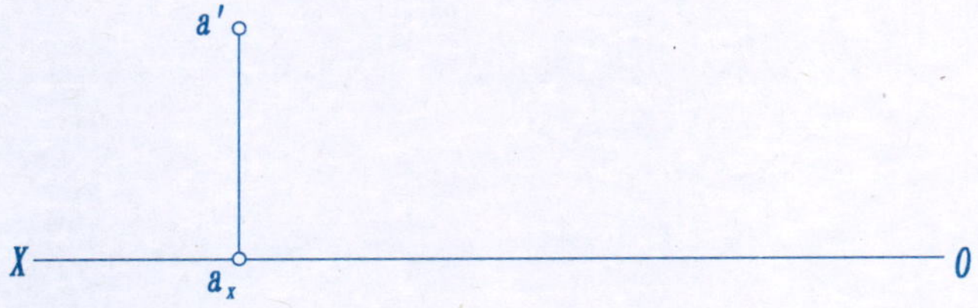

(6)已知 B 点在 A 点正后方 10 mm,C 点在 A 点之上 10 mm、之前 8 mm、之左 15 mm,求 B,C 两点的三面投影并判断重影点的可见性。

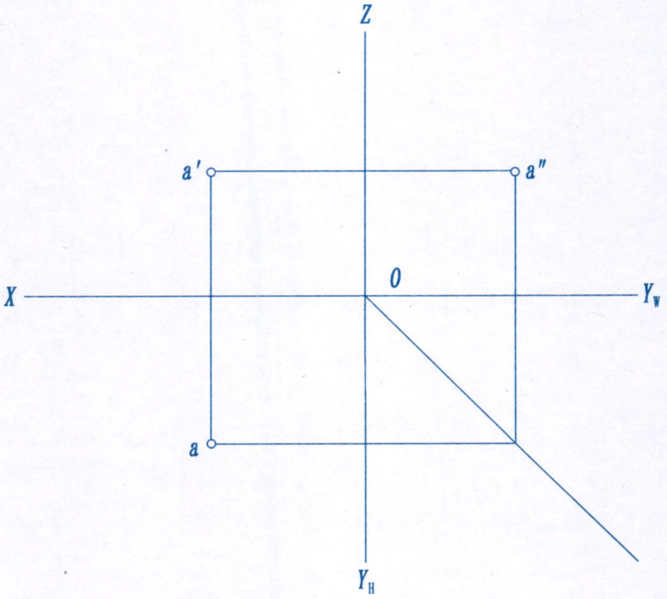

专业班级		姓　名		学　号		日　期		评　阅	

(1)求下列各直线的第三投影,并判断各直线与投影面的相对位置。

①

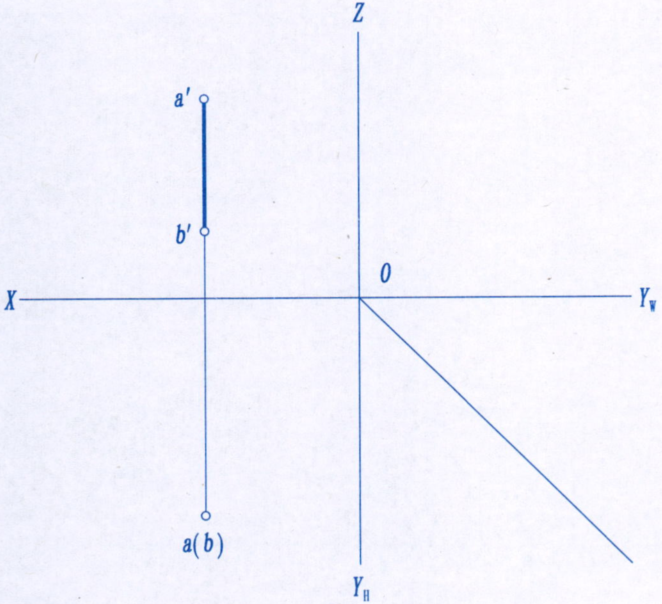

AB 是＿＿＿＿＿＿＿线

②

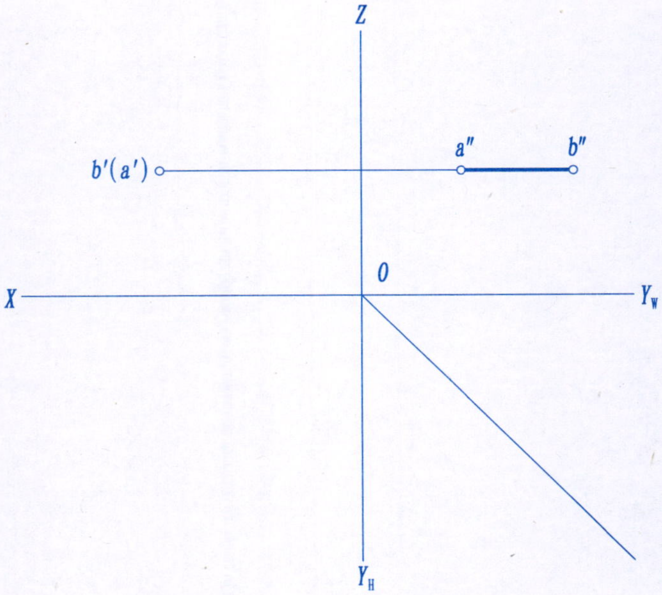

AB 是＿＿＿＿＿＿＿线

专业班级		姓　名		学　号		日　期		评　阅	

③

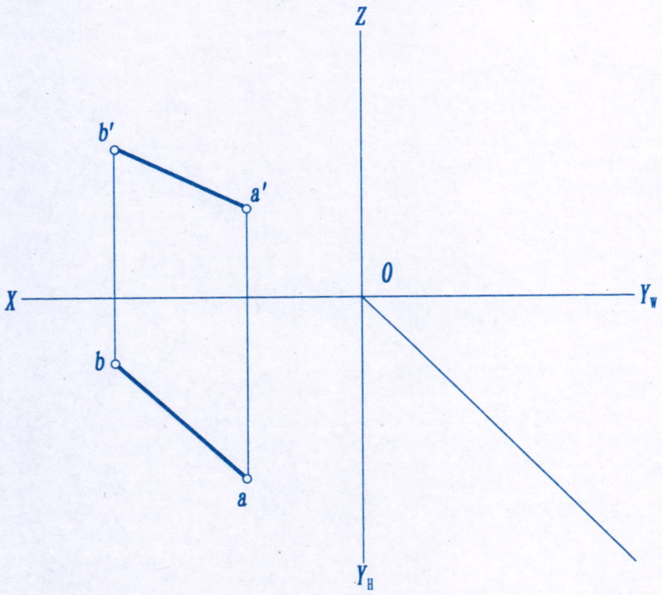

AB 是__________线

④

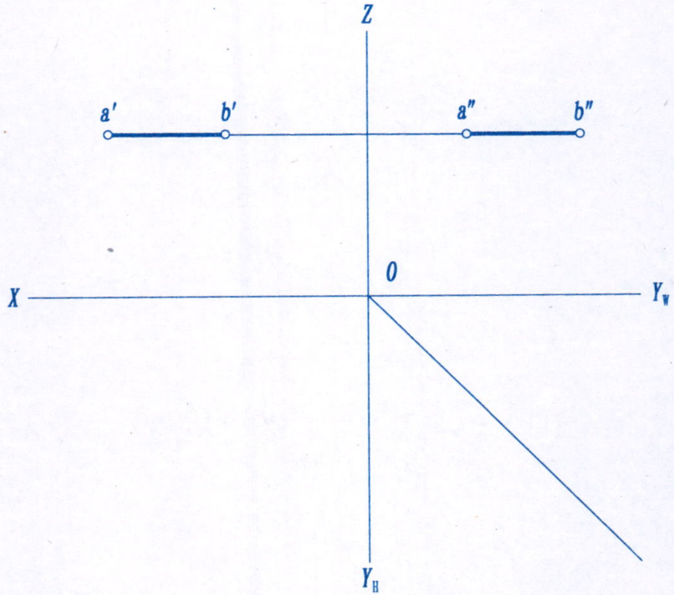

AB 是__________线

专业班级		姓 名		学 号		日 期		评 阅	

⑤

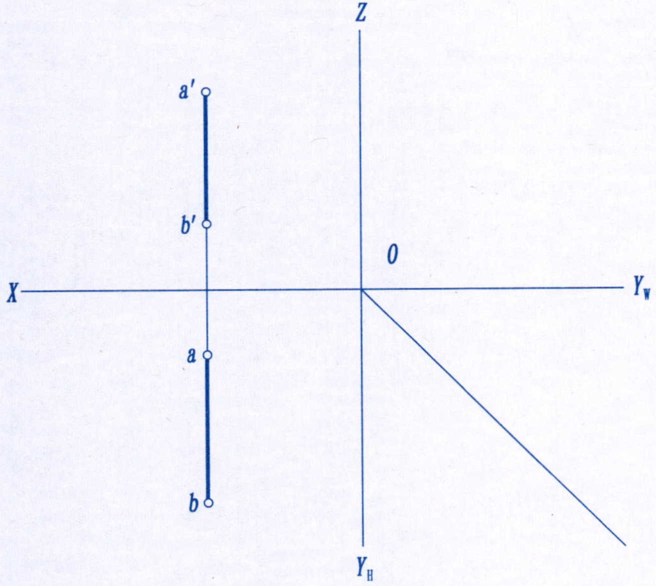

AB 是__________线

⑥

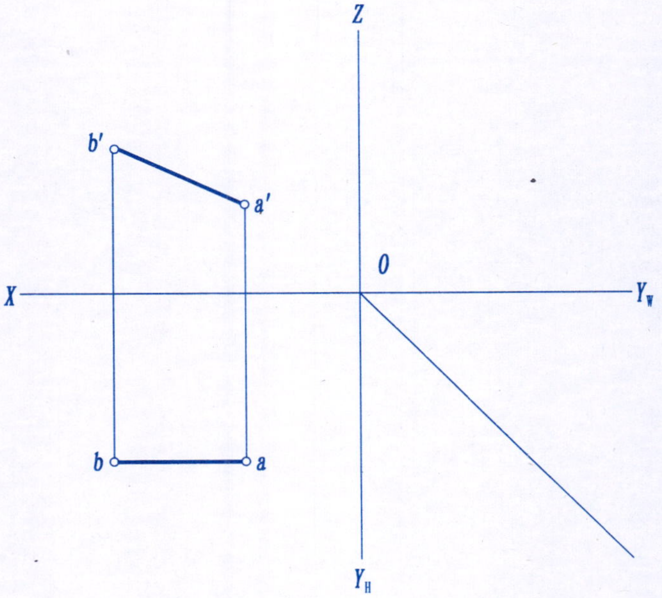

AB 是__________线

专业班级		姓　名		学　号		日　期		评　阅	

(2)已知 AB//W，$AB=20$ mm，$\alpha=30°$，B 点在 A 点后上方，求 AB 的三面投影。

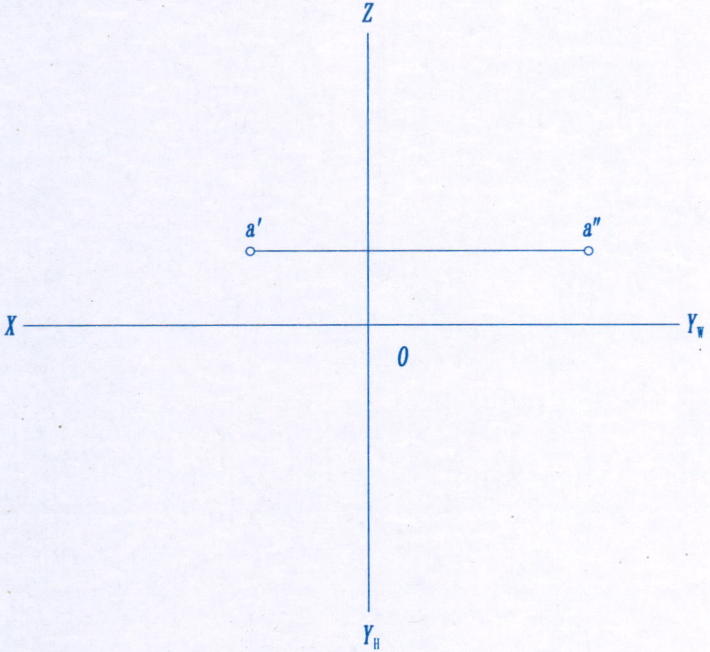

(3)已知水平线 AB 的 H 面投影，且知 AB 距 H 面 20 mm，补全 AB 的 V 面和 W 面投影，并绘制 AB 直线的正等轴测图。

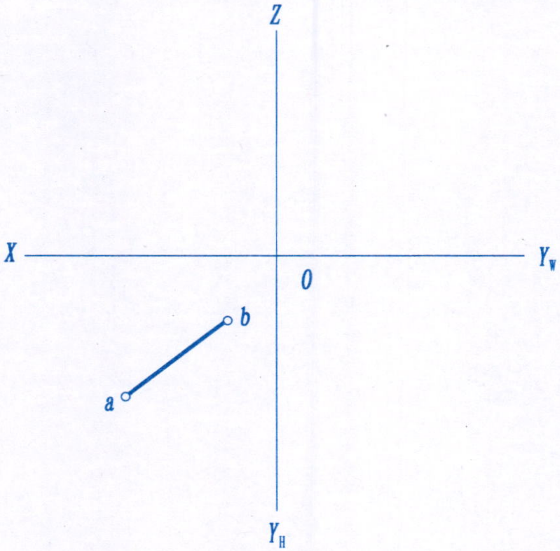

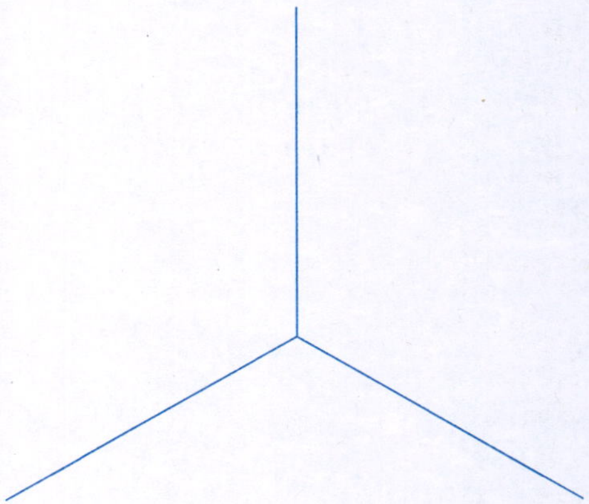

专业班级		姓　名		学　号		日　期		评　阅	

(4)在直线 AB 上取一点 C 使 $AC:CB=3:4$。

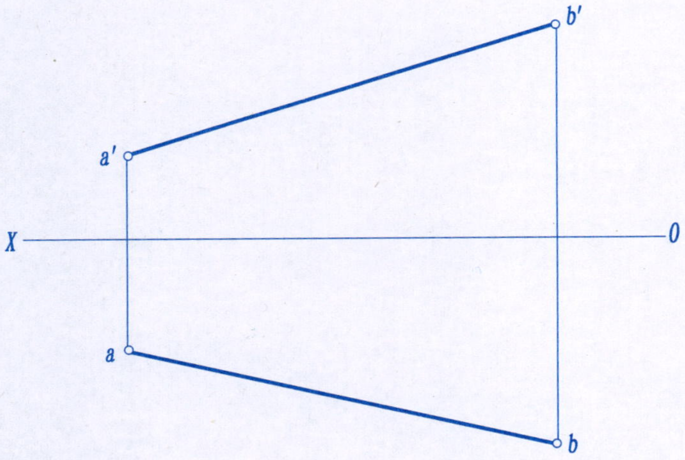

(5)已知直线上 K 点的 V 面投影，试求 K 点的 H 面投影。

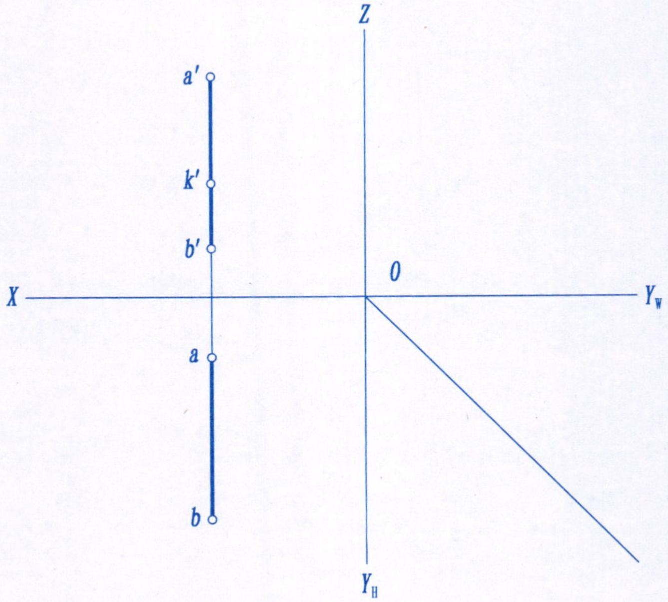

专业班级		姓　名		学　号		日　期		评　阅	

(6)求 AB 的实长和倾角 α,β。

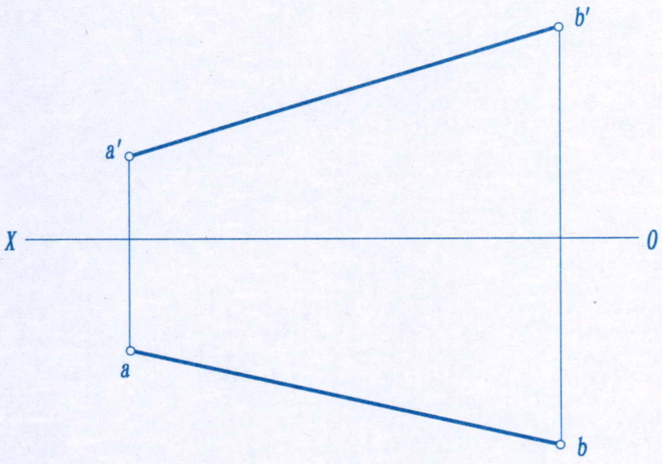

(7)已知 $a'b'$ 及 a，$\beta=30°$，且 B 在 A 之后，求 AB 实长及 ab。

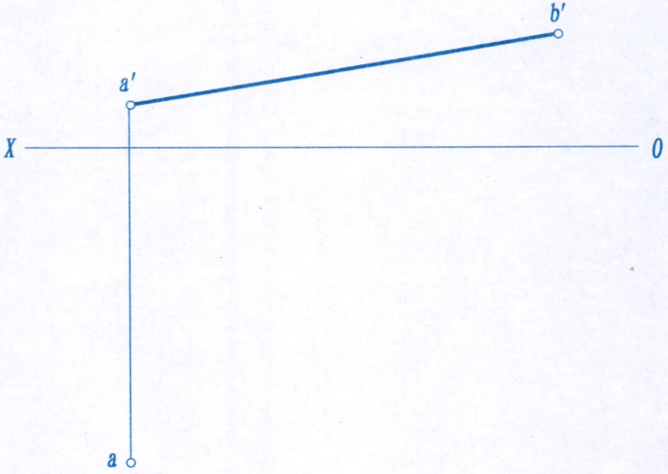

专业班级		姓　名		学　号		日　期		评　阅	

(8)试判断两直线 *AB*,*CD* 的相对位置。

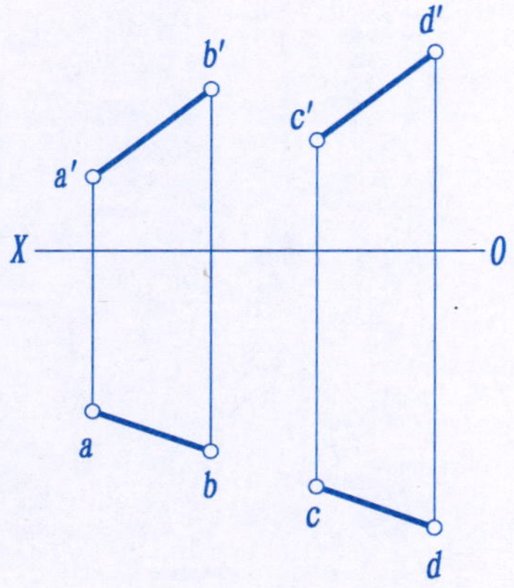

①*AB* 与 *CD* ____________

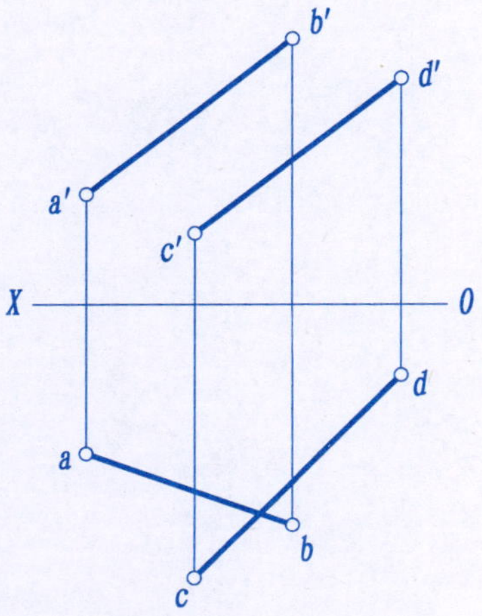

②*AB* 与 *CD* ____________

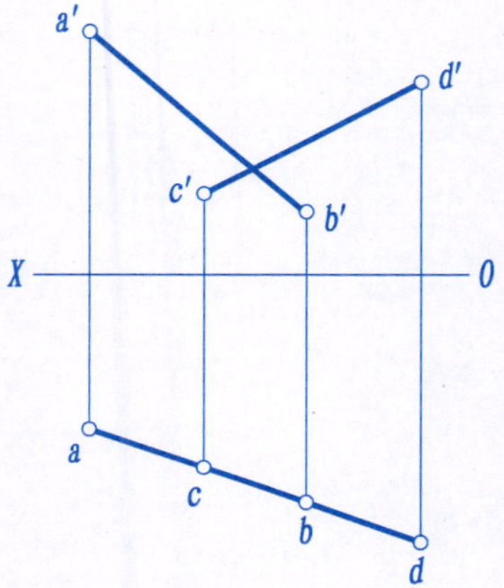

③*AB* 与 *CD* ____________

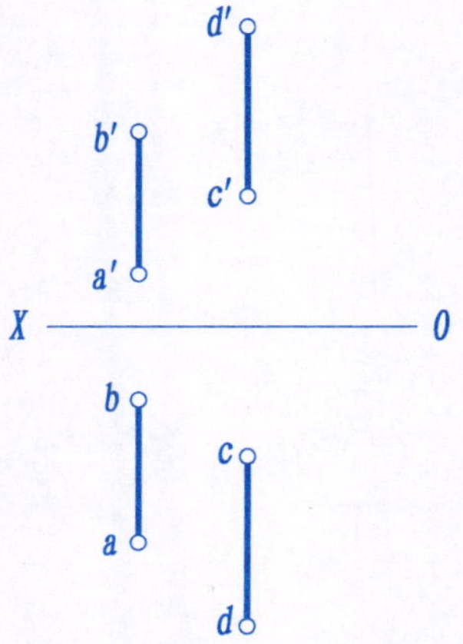

④*AB* 与 *CD* ____________

专业班级		姓　名		学　号		日　期		评　阅	

(9)判断交叉直线重影点的可见性。

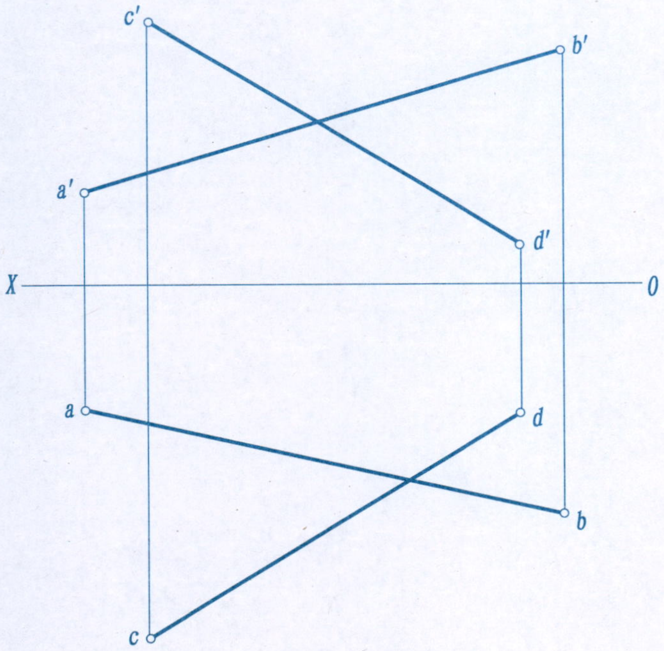

(10)过 M 点作一直线与 AB,CD 都相交。

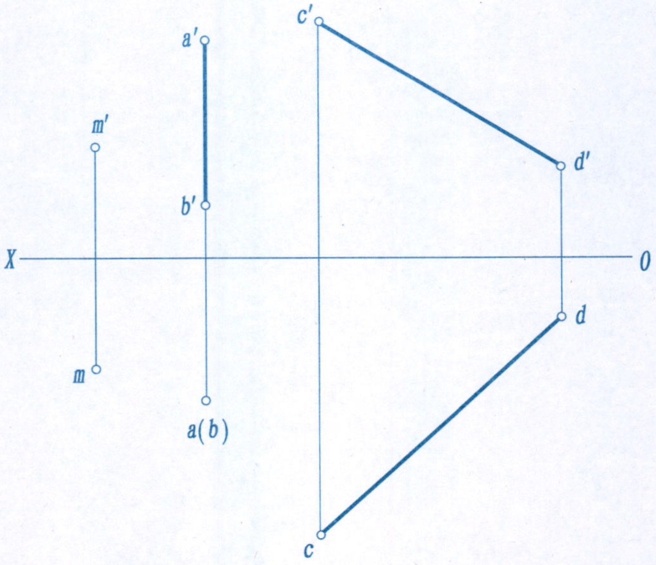

专业班级		姓　名		学　号		日　期		评　阅	

(11)求作一直线 *MN* 平行于 *EF* 且与 *AB*,*CD* 相交。

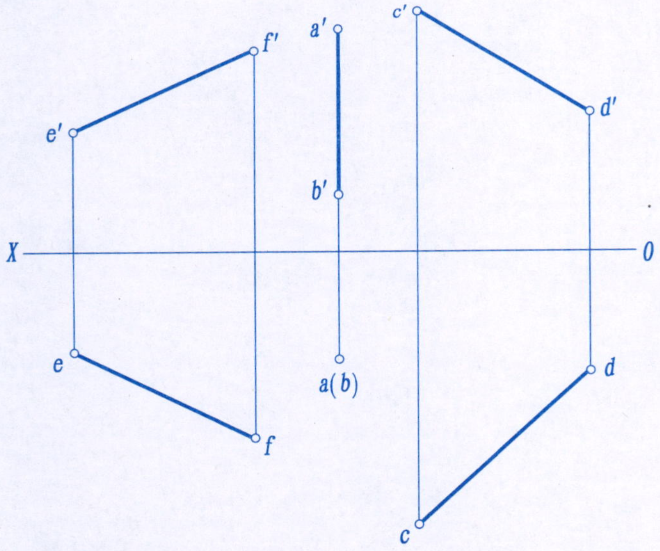

(12)作一直线 *MN* 与 *AB*,*CD* 相交于 *M*,*N* 两点,*MN*//V,且距 V 面 25 mm。

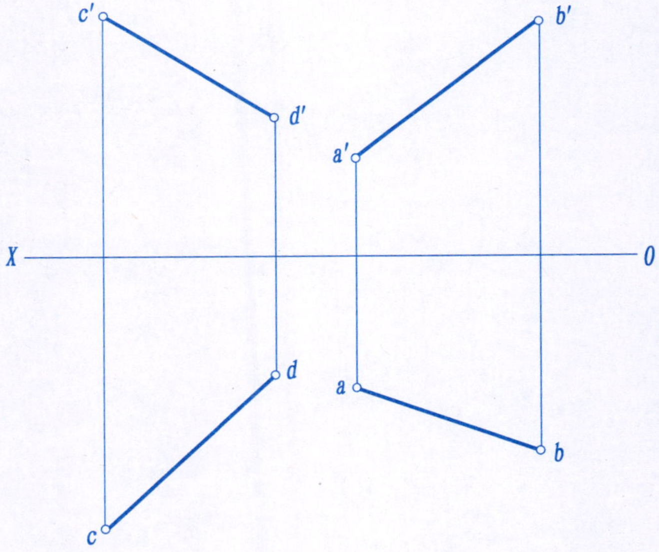

专业班级		姓 名		学 号		日 期		评 阅	

练习三　平面的投影练习

(1)求下列各平面的第三面投影,并判断各平面与投影面的相对位置。

①

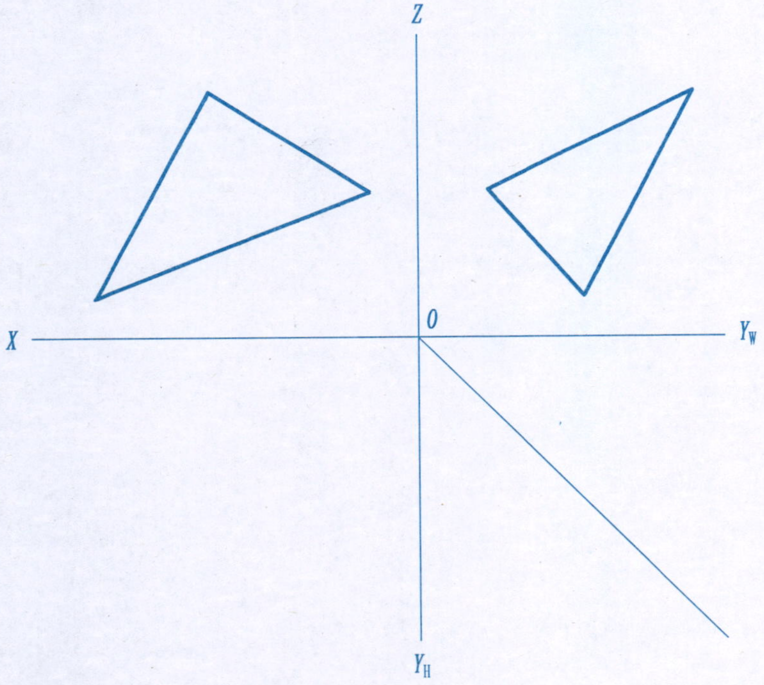

该平面是＿＿＿＿＿＿

②

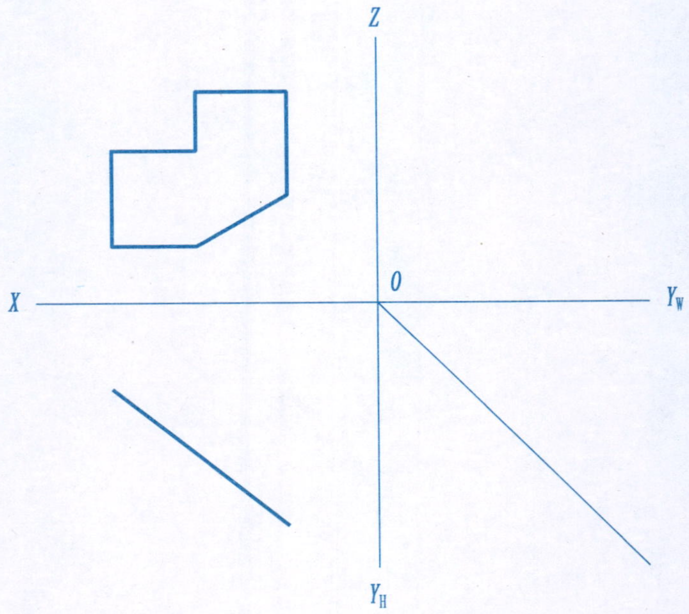

该平面是＿＿＿＿＿＿

专业班级		姓　名		学　号		日　期		评　阅	

③

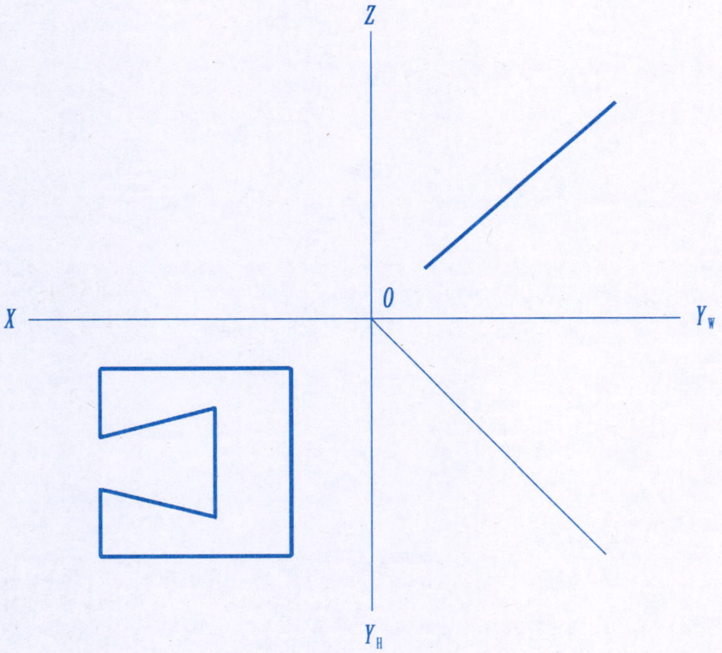

该平面是________________

(2)根据立体图，在三面投影图中按 P 面的形式标出指定平面 Q，R 的投影，并指出平面的位置。

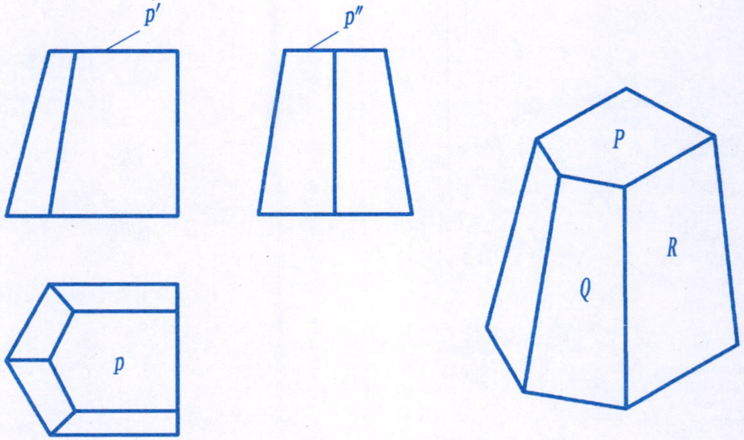

P 是________________

Q 是________________

R 是________________

专业班级		姓　名		学　号		日　期		评　阅	

(3)已知正平面距 V 面 20 mm，试补其 H，W 面投影，并画出它的正等轴测和斜二轴测投影图。

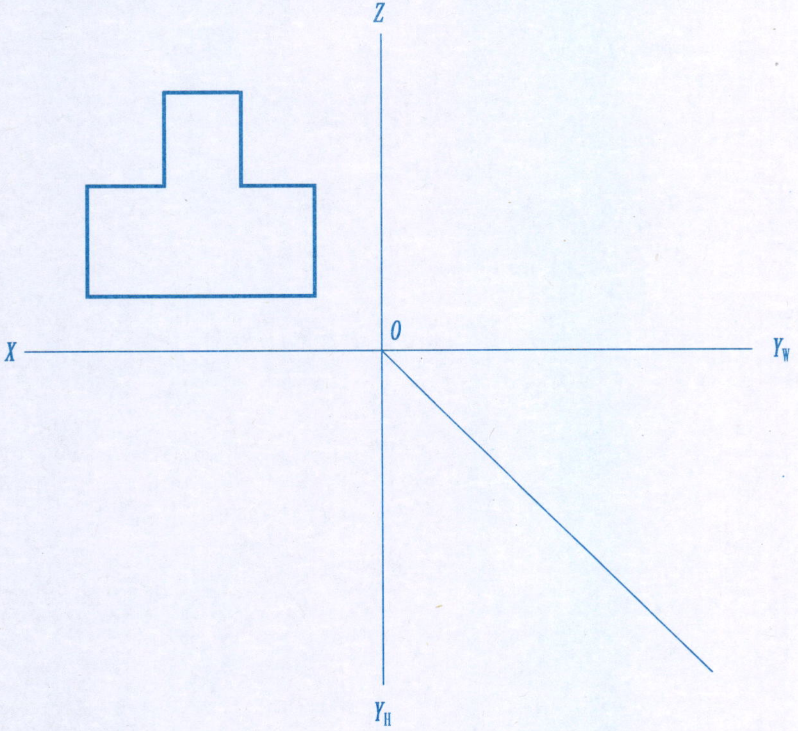

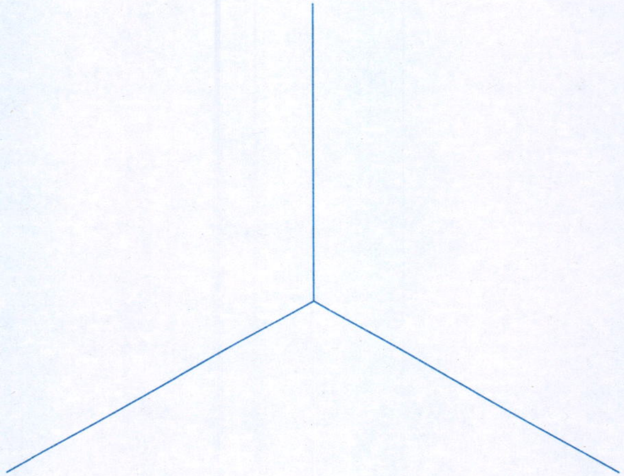

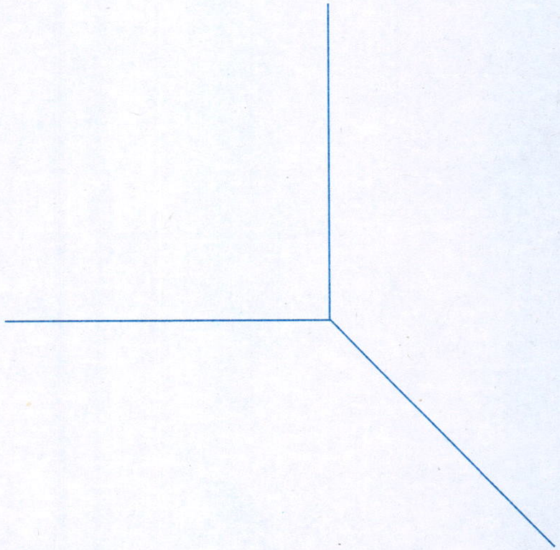

专业班级		姓　名		学　号		日　期		评　阅	

(4)求平面内点的另一个投影。

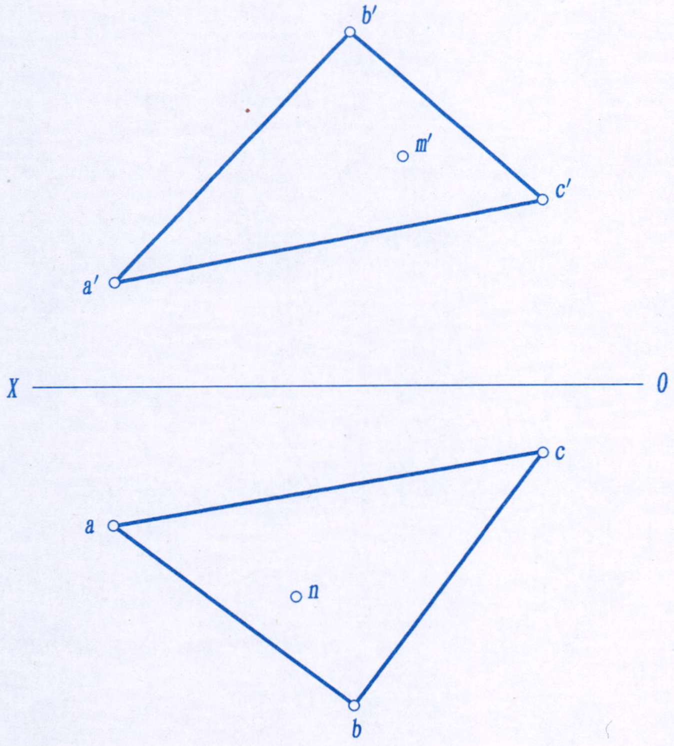

(5)在△ABC上取一个点D,使D比B低15 mm,并在B之右10 mm。

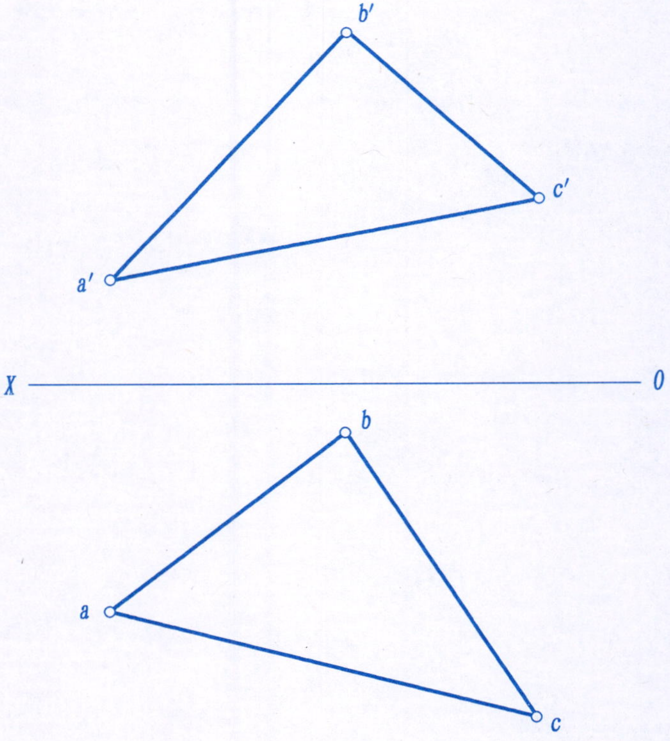

专业班级		姓　名		学　号		日　期		评　阅	

(6)求平面 *ABC* 内直线 *MN* 的 H 面投影。

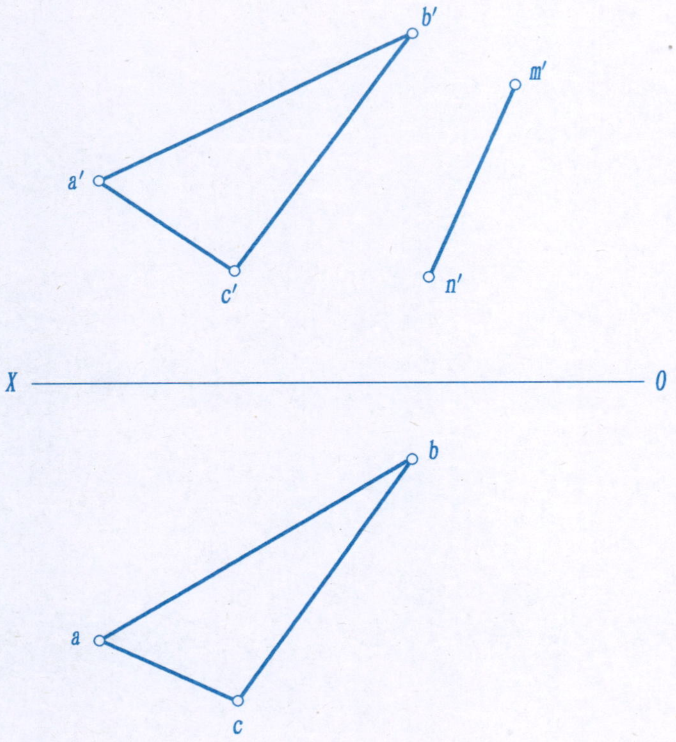

(7)完成五边形的 V 面投影。

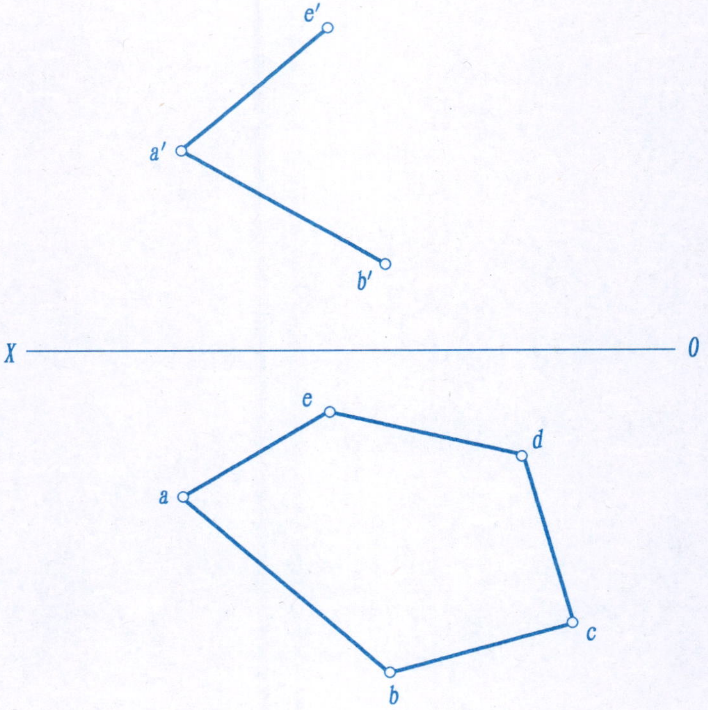

专业班级		姓　名		学　号		日　期		评　阅	

(8)求平面 *ABCD* 内字母 *A* 的 H 面投影。

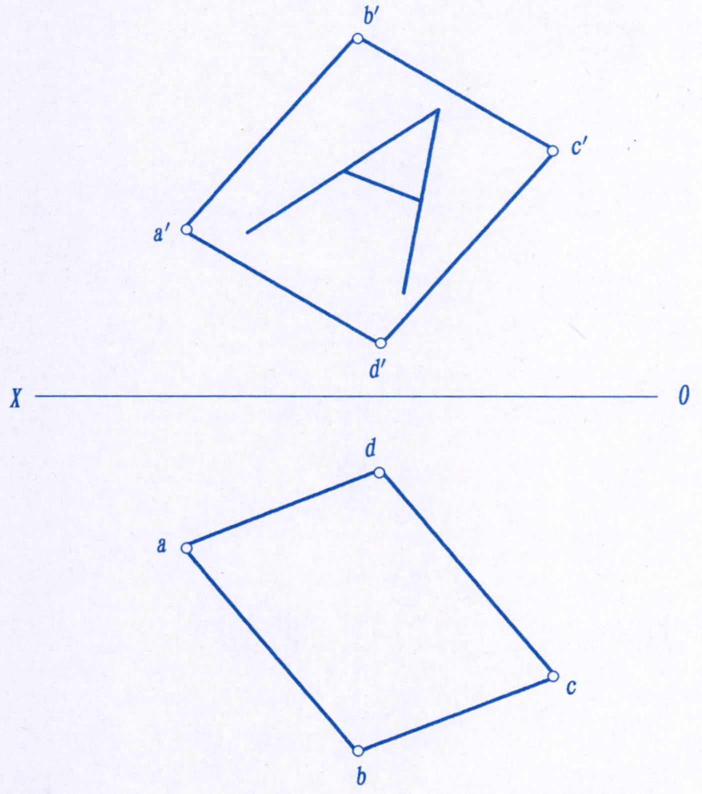

(9)在△*ABC* 上过点 *A* 作一条正平线，过 *B* 点作一条水平线，过 *C* 点作一条侧平线。

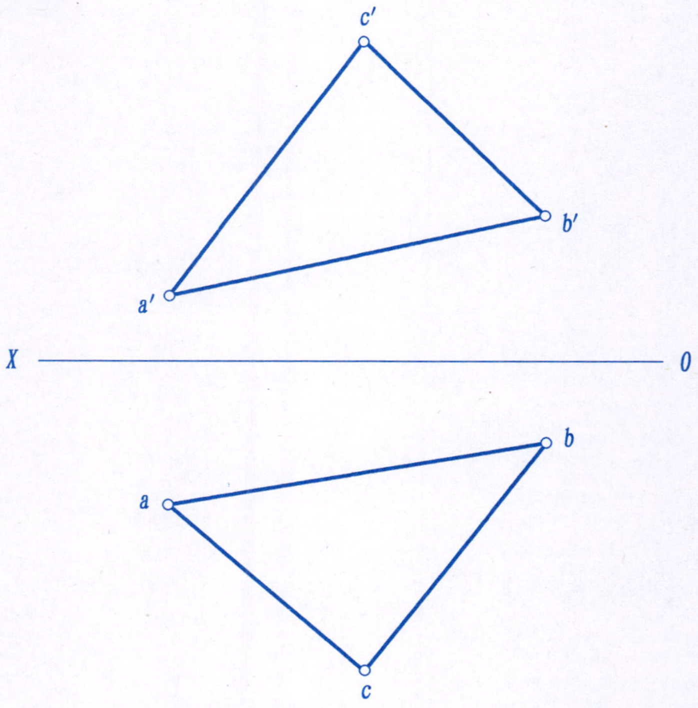

专业班级		姓 名		学 号		日 期		评 阅	

(10)求三角形 *ABC* 对 H 面的倾角 α。

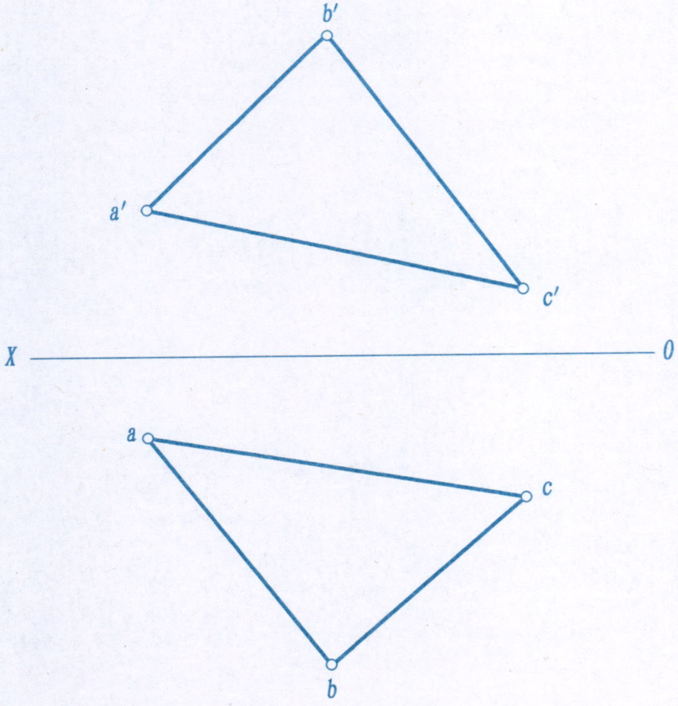

(11)求三角形 *ABC* 对 V 面的倾角 β。

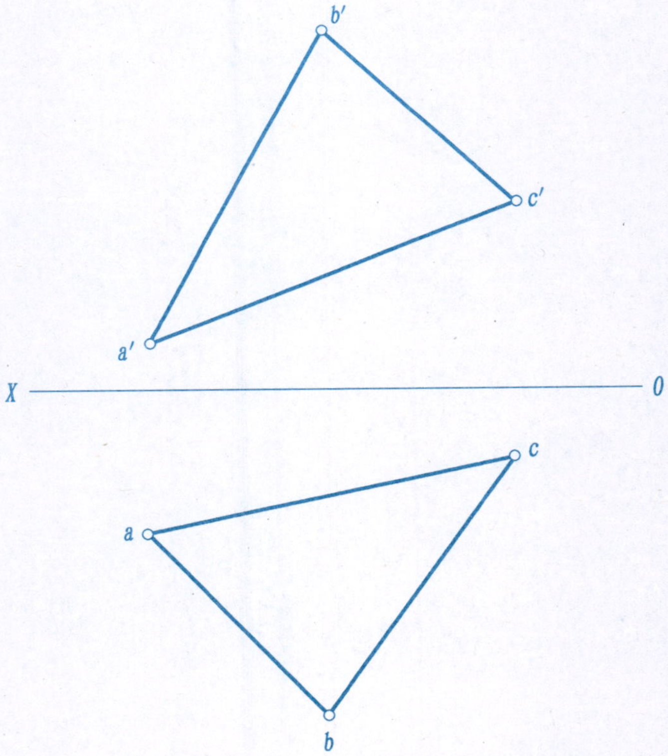

专业班级		姓　名		学　号		日　期		评　阅	

(12) 过 K 点作正平线与 AB 垂直。

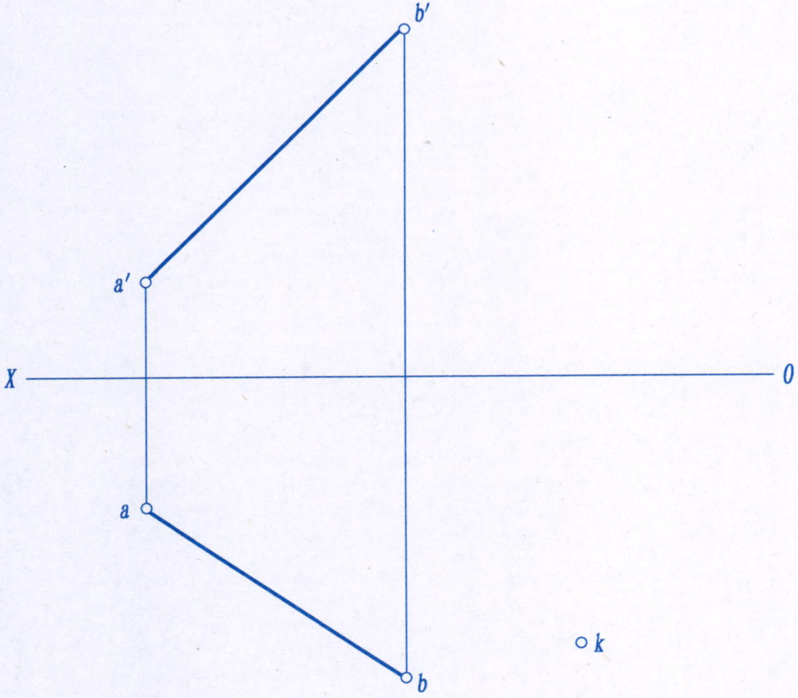

(13) 求点 M 到正平线 AB 的距离。

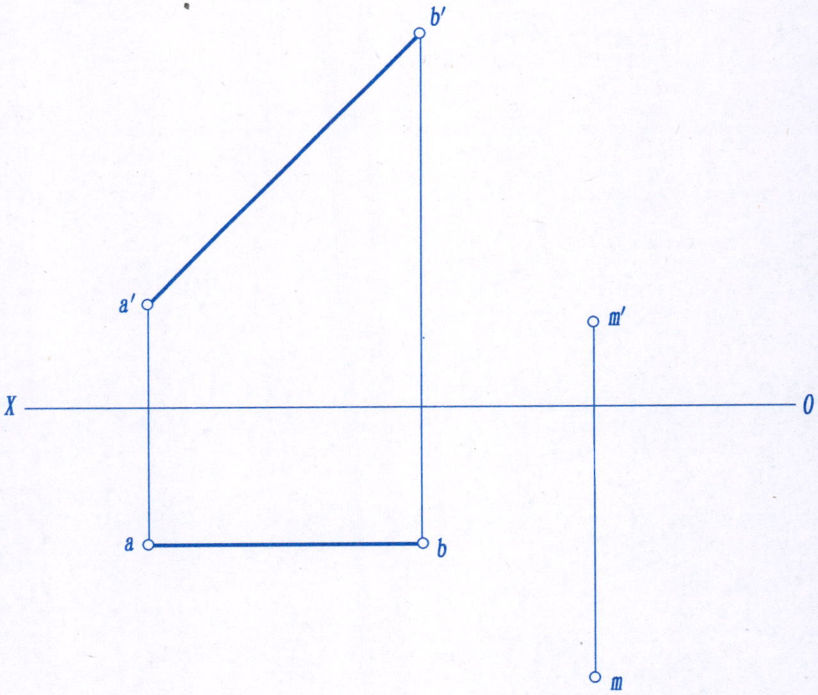

专业班级		姓　名		学　号		日　期		评　阅	

(14)求点 *N* 到水平线 *AB* 的距离。

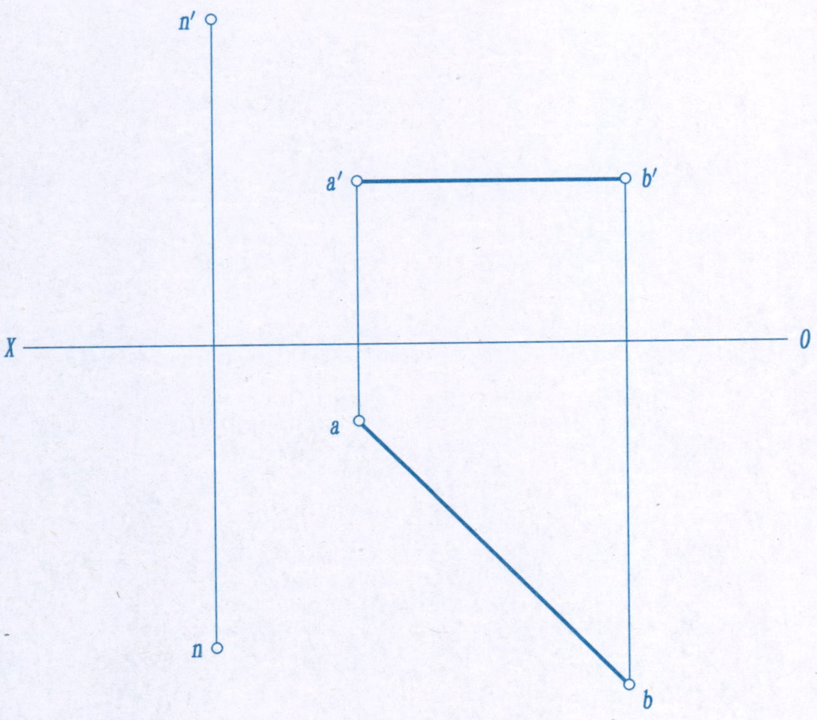

(15)已知平面 *ABCD* 为矩形，试完成其两面投影。

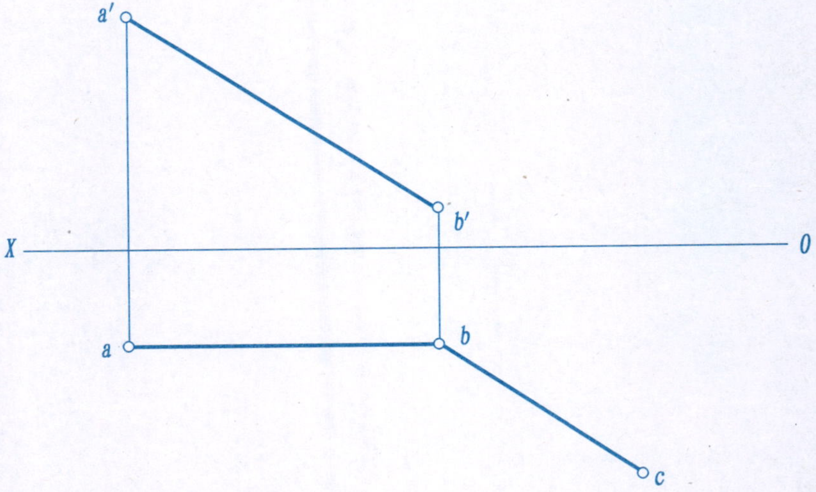

专业班级		姓　名		学　号		日　期		评　阅	

(16)已知等腰三角形 *ABC*，*C* 点在直线 *DE* 上，*AB*∥V，求作三角形 *ABC* 的两面投影。

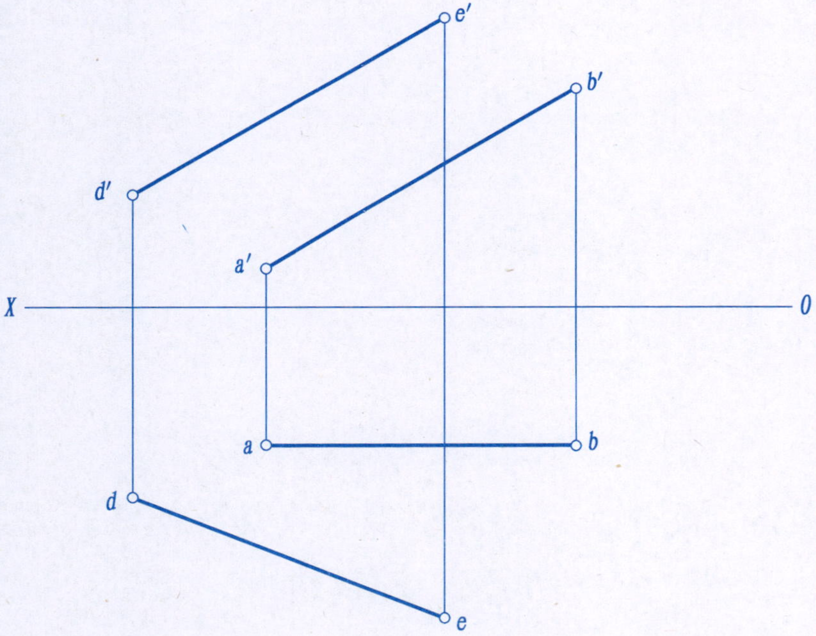

(17)求直线 *AB* 与 *CD* 的距离。

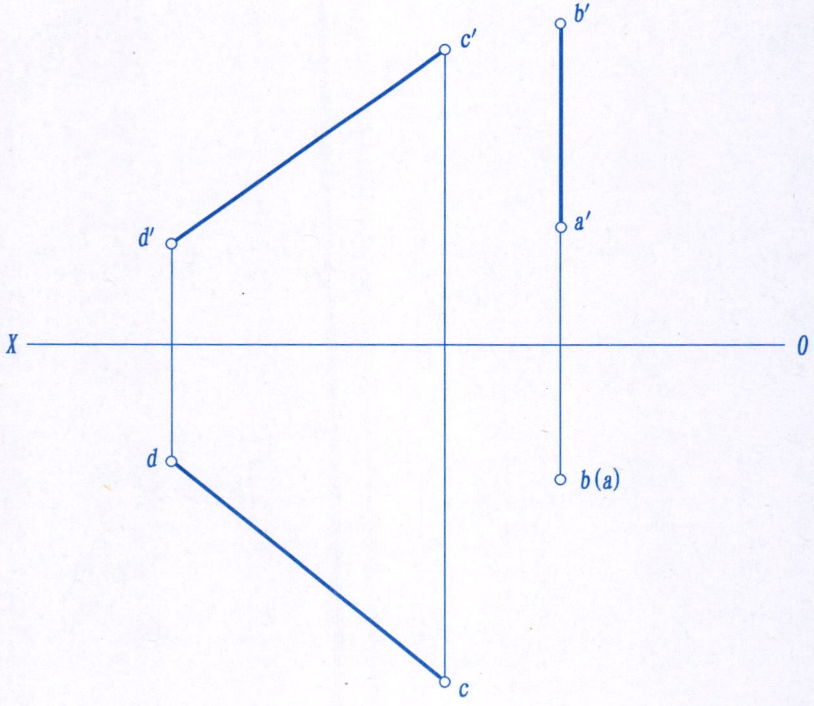

专业班级		姓　名		学　号		日　期		评　阅	

练习一　绘制简单立体的正等轴测投影图

（1）

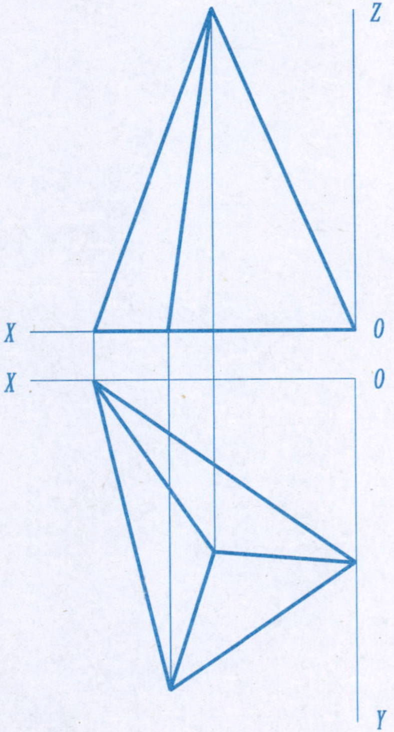

（2）

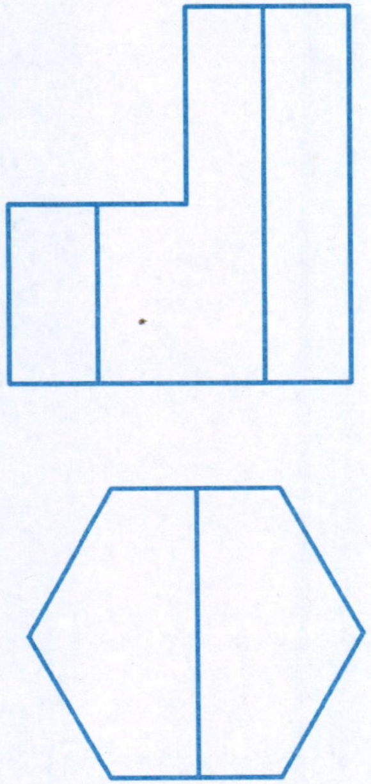

专业班级		姓　名		学　号		日　期		评　阅	

(3)

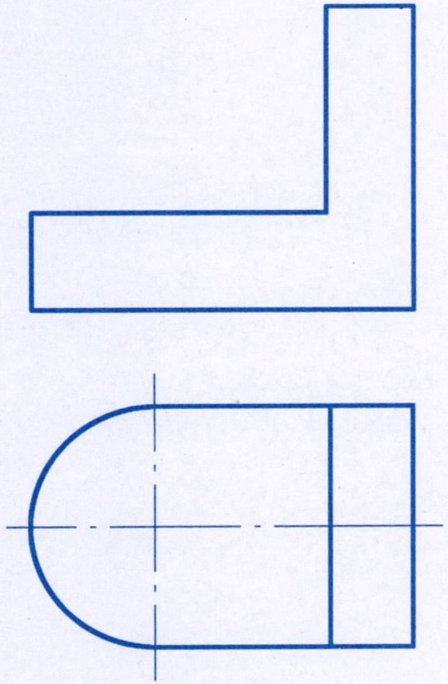

练习二　绘制简单立体的斜二轴测投影图

(1)

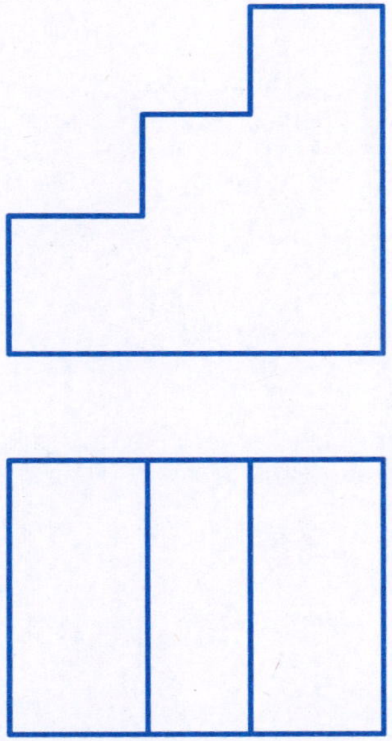

专业班级		姓　名		学　号		日　期		评　阅	

(2)

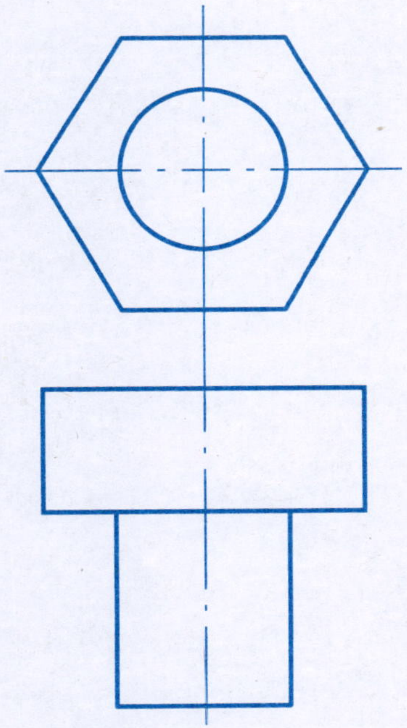

(3)

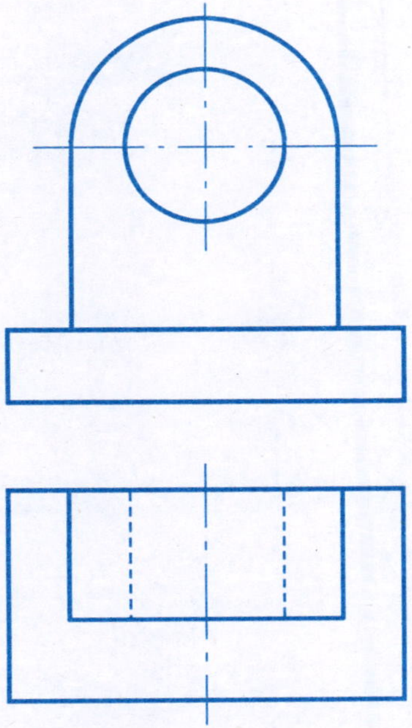

专业班级		姓　名		学　号		日　期		评　阅	

练习三　简单立体投影图练习

(1)选择正确的侧面图。

①

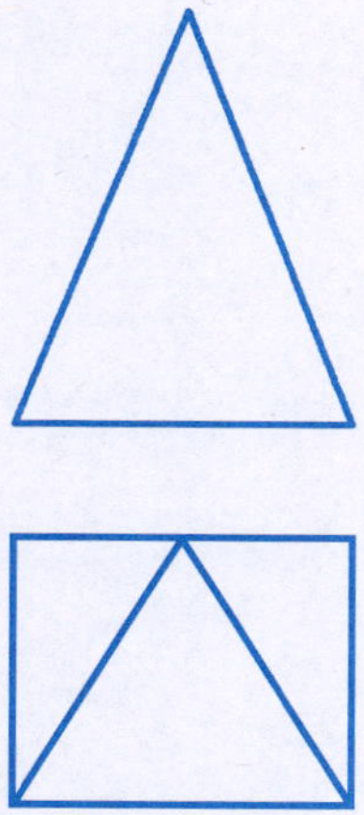

(　　)

(a)　　(b)　　(c)　　(d)

②

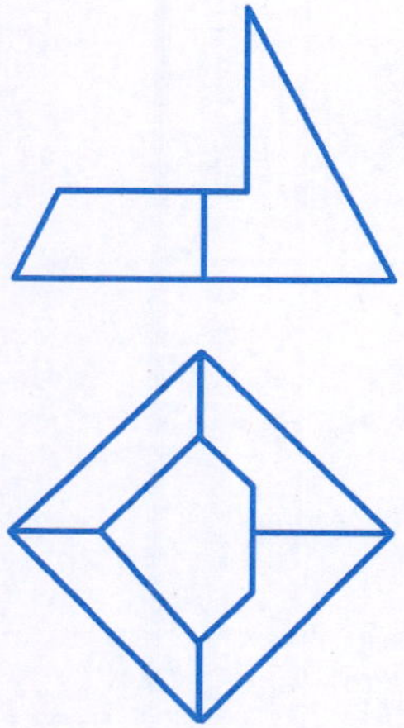

(　　)

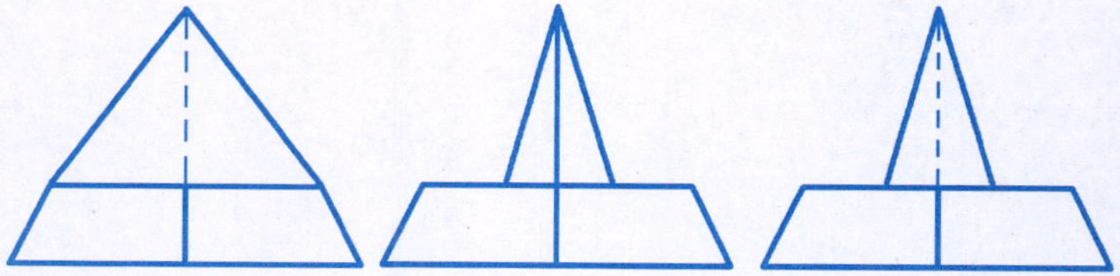

(a)　　(b)　　(c)

专业班级		姓　名		学　号		日　期		评　阅	

③

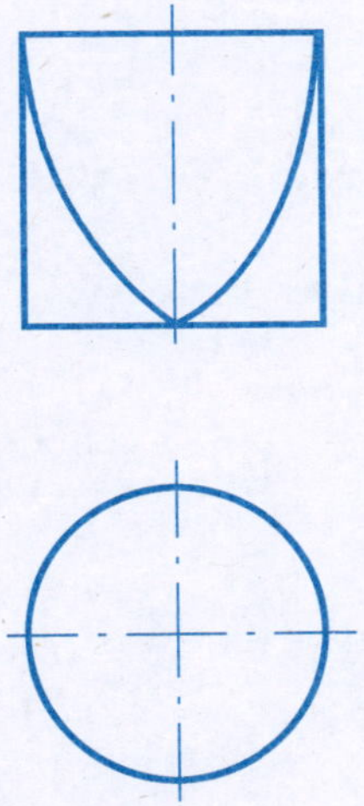

(　　)

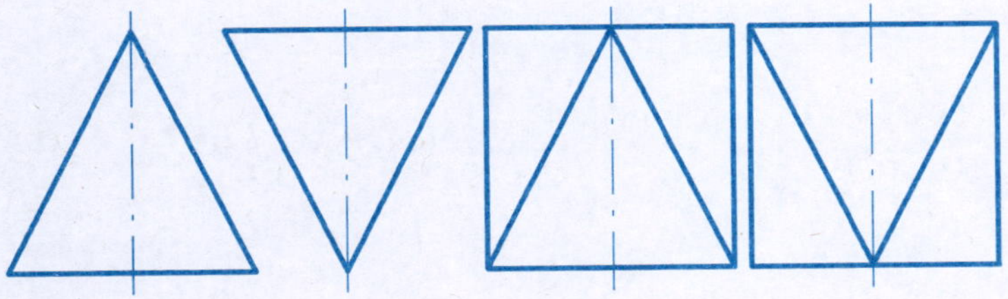

(a)　(b)　(c)　(d)

(2)选择正确的水平投影。

①

(　　)

(a)　(b)　(c)　(d)

专业班级		姓　名		学　号		日　期		评　阅	

②

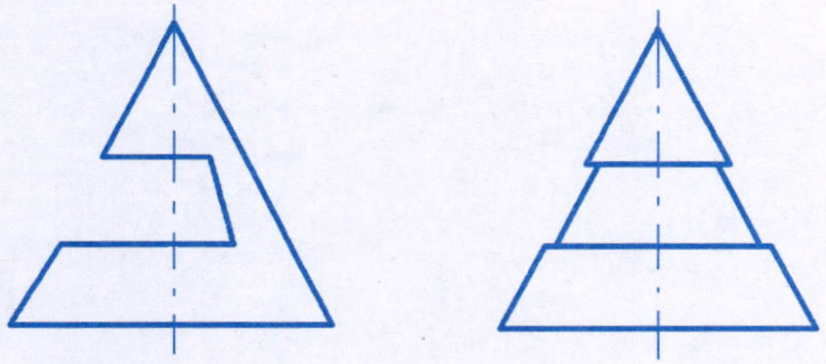

(　　)

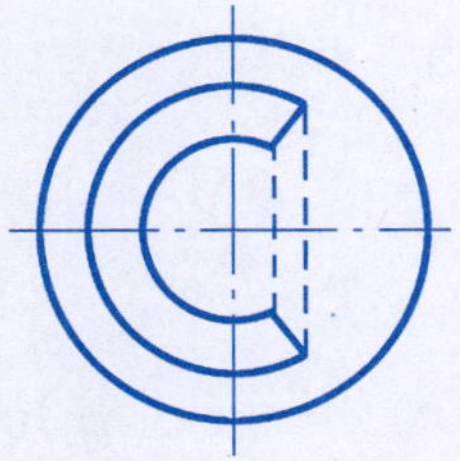

(a)

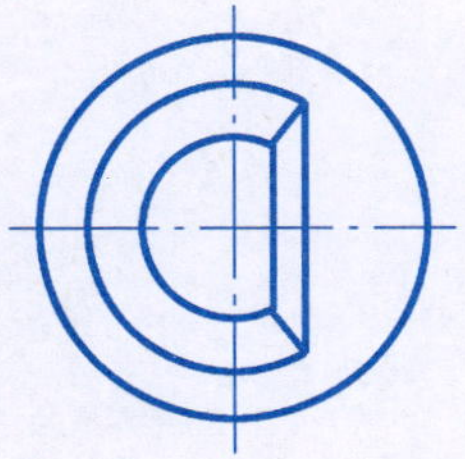

(b)

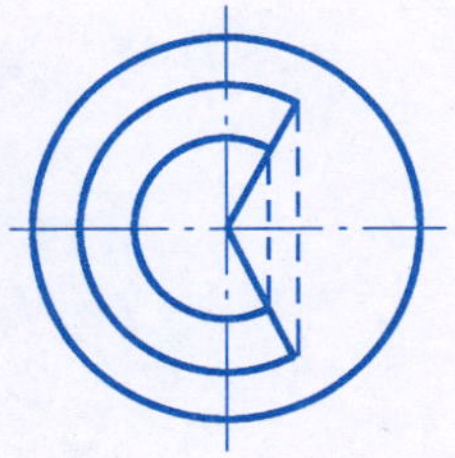

(c)

③

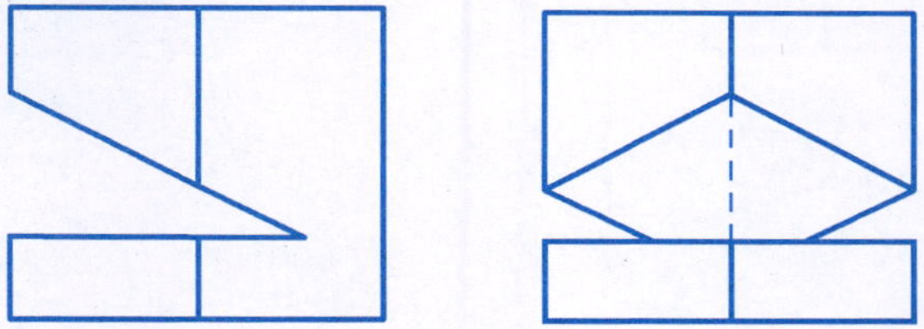

(　　)

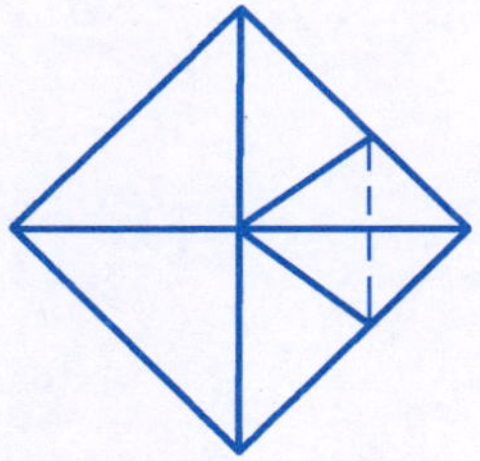

(a)

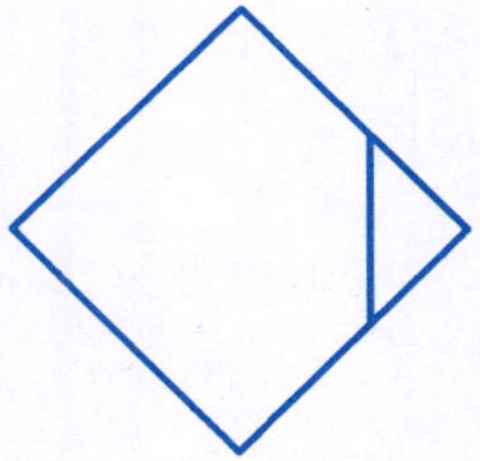

(b)

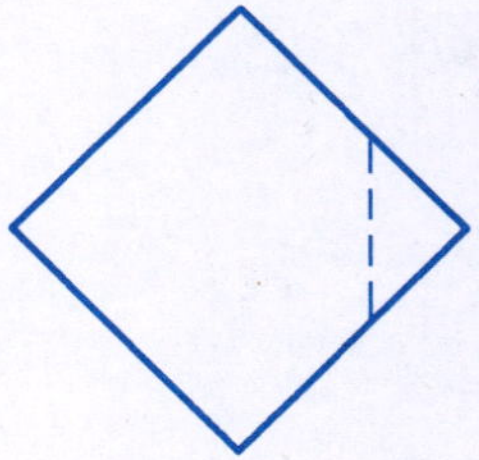

(c)

专业班级		姓　名		学　号		日　期		评　阅	

(3) 对照立体图找对应的投影图。

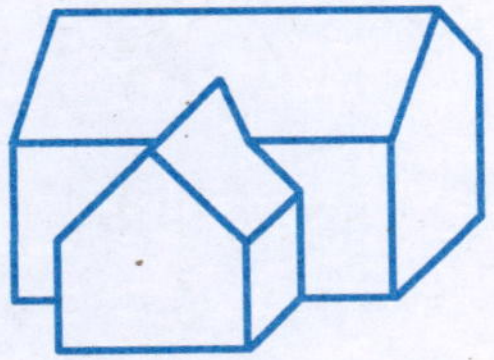

(   )

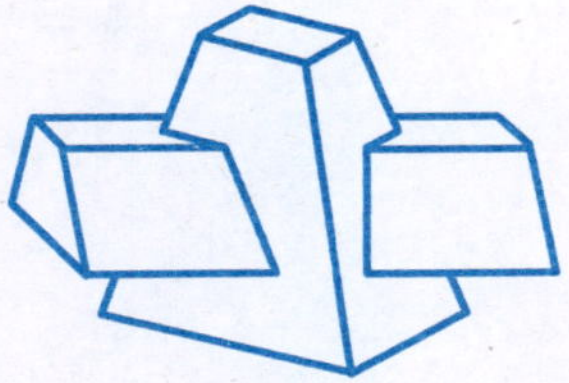

(   )

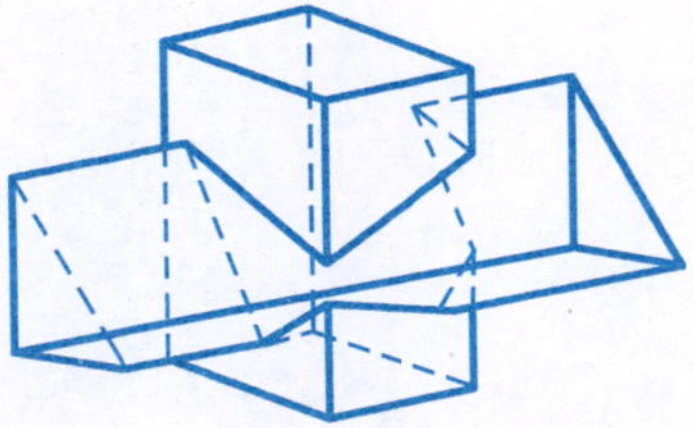

(   )

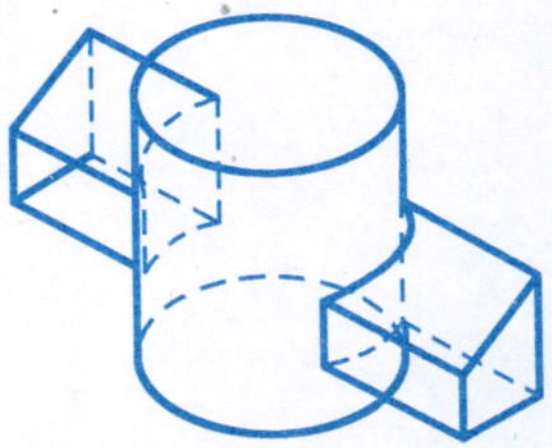

(   )

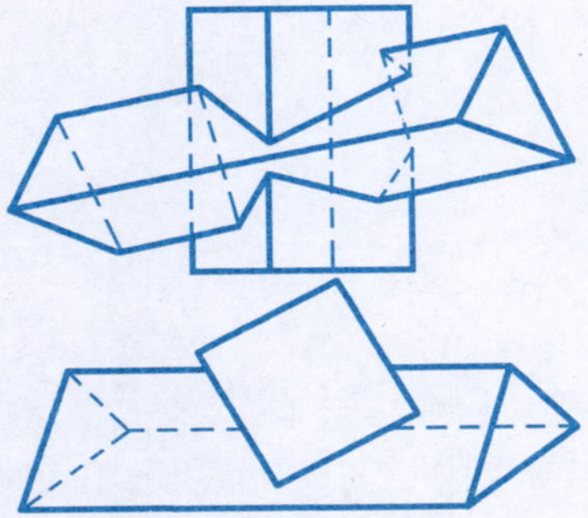

①

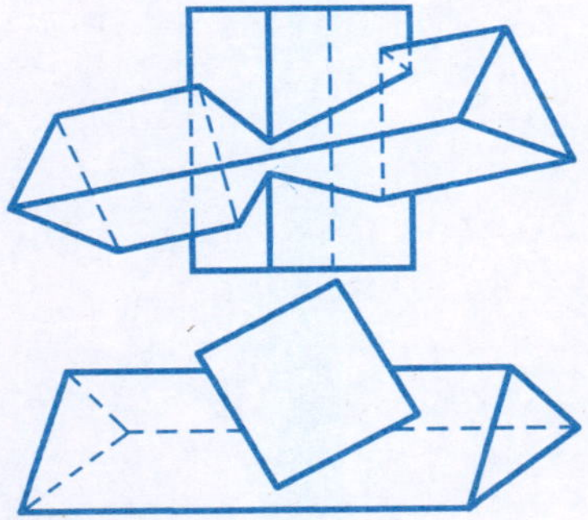

②

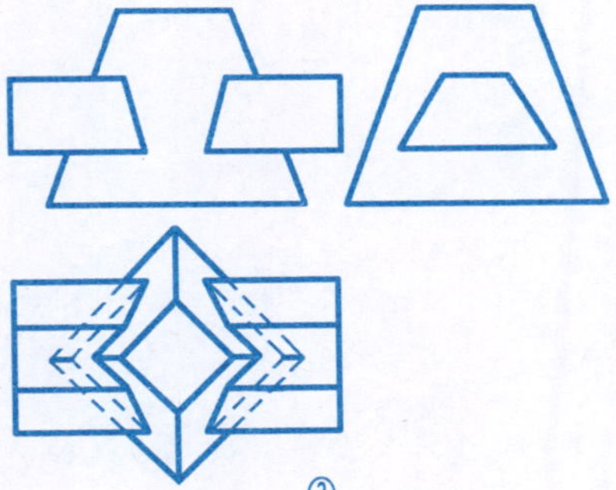

③

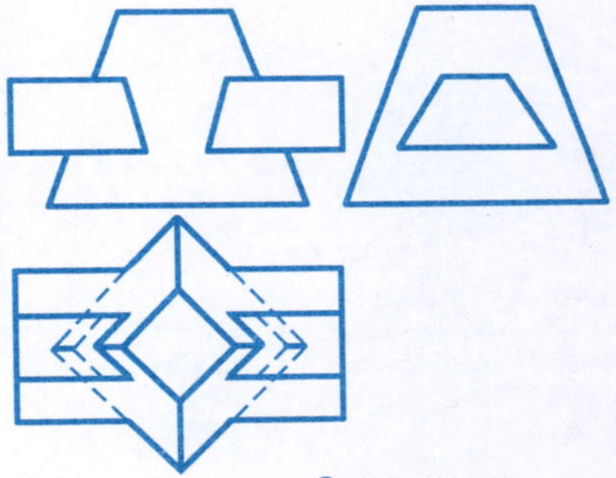

④

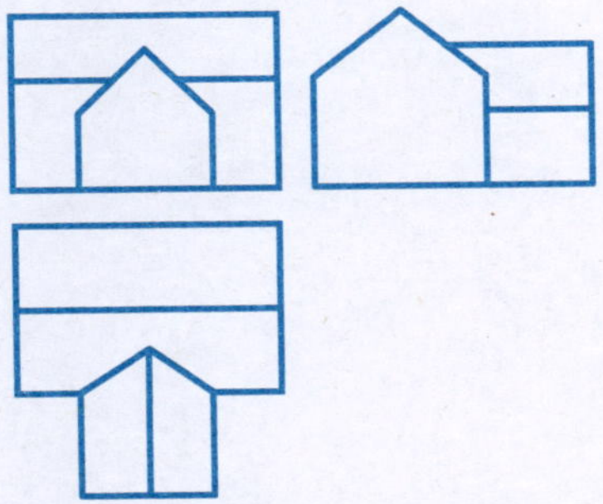

⑤

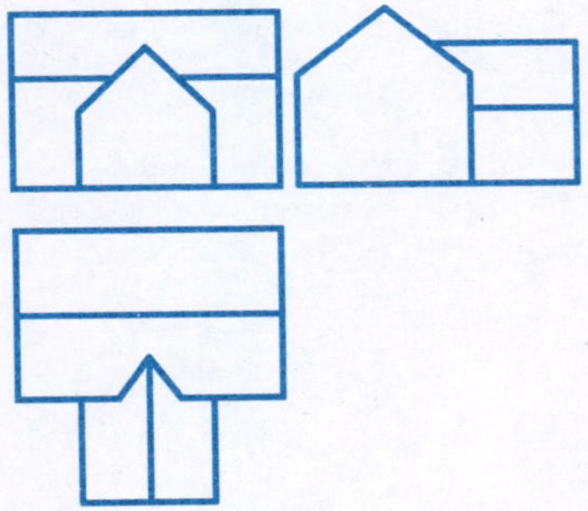

⑥

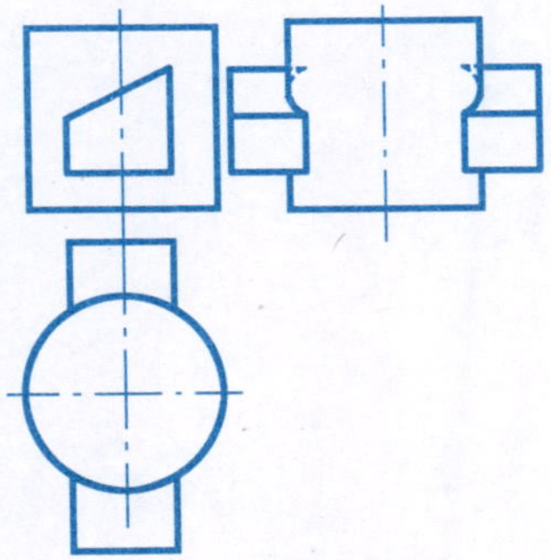

⑦

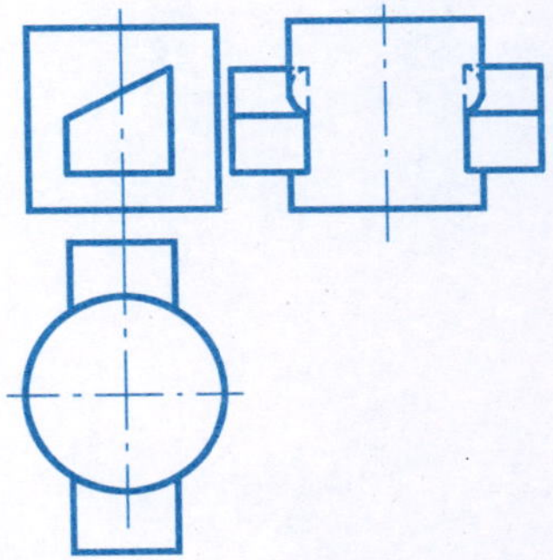

⑧

专业班级		姓　名		学　号		日　期		评　阅	

5 组合体的投影

练习一 绘制组合体的正等轴测投影图

(1)

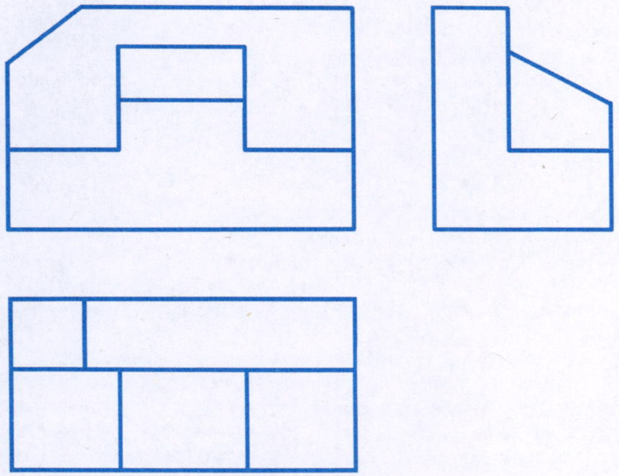

(2)

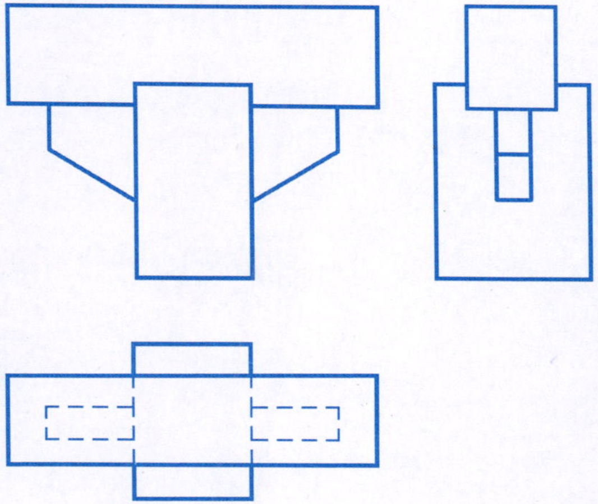

专业班级		姓 名		学 号		日 期		评 阅	

(3)

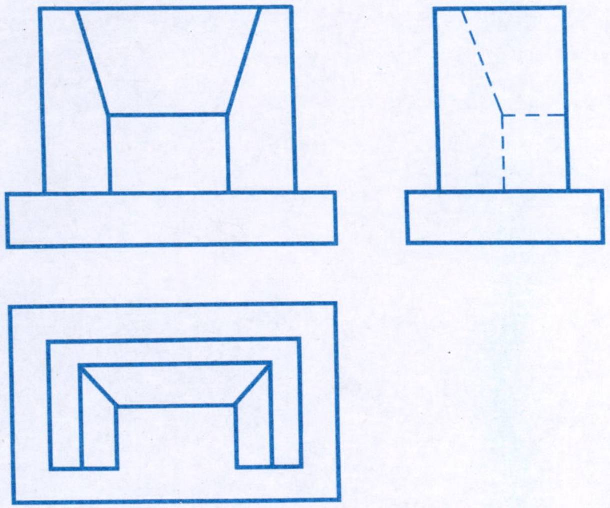

练习二　绘制组合体的斜二轴测投影图

(1)

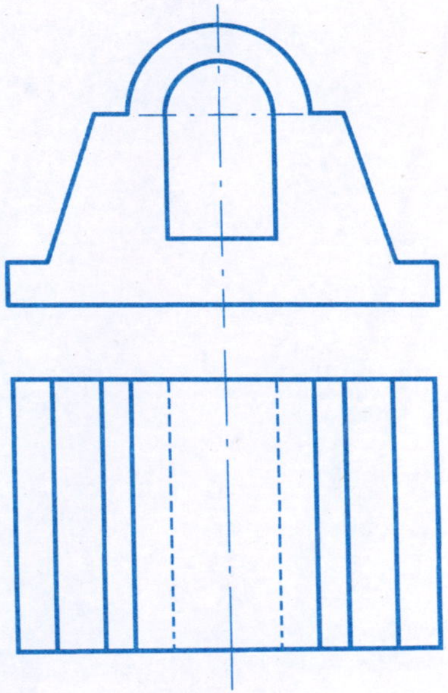

专业班级		姓　名		学　号		日　期		评　阅	

（2）

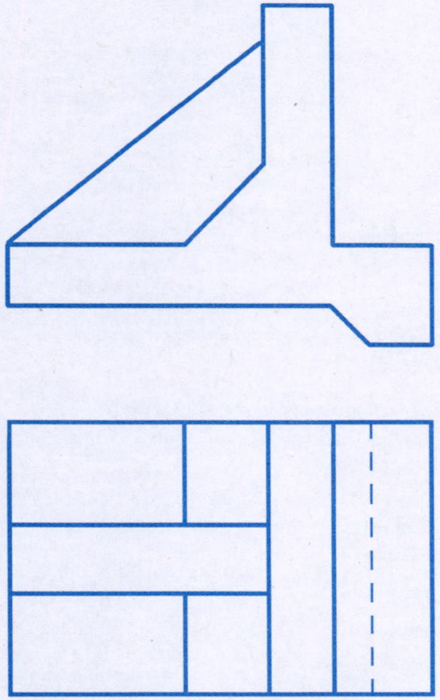

（3）

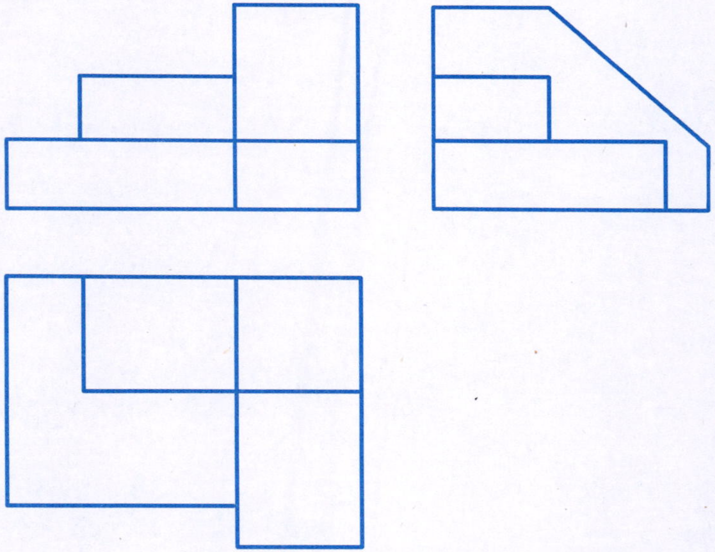

专业班级		姓　名		学　号		日　期		评　阅	

练习三　简单立体投影图的练习

(1)补画立体的第三面投影。

①

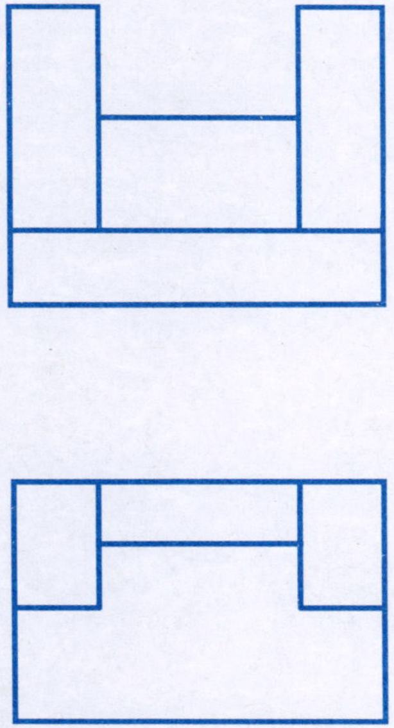

②

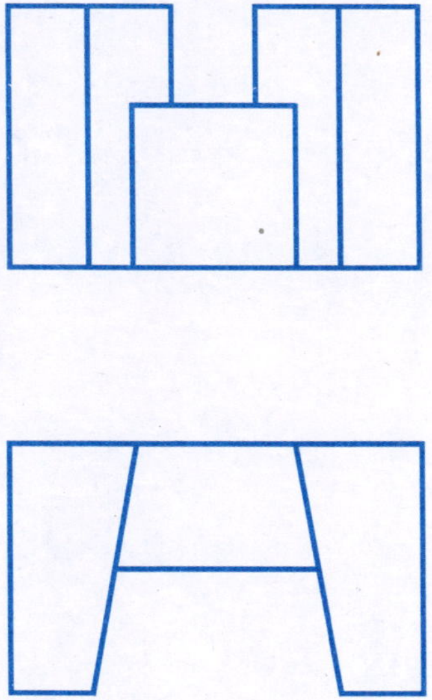

专业班级		姓　名		学　号		日　期		评　阅	

③

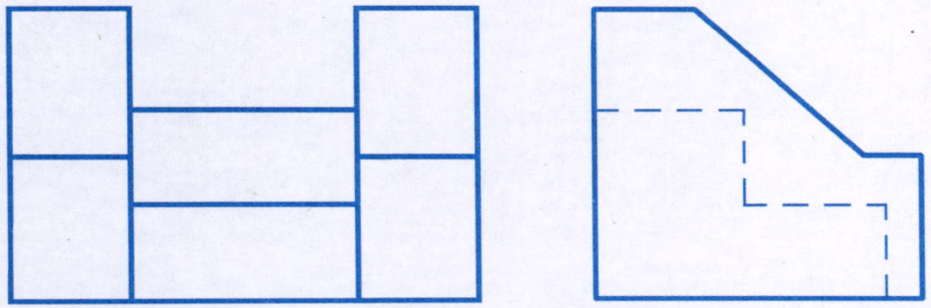

④

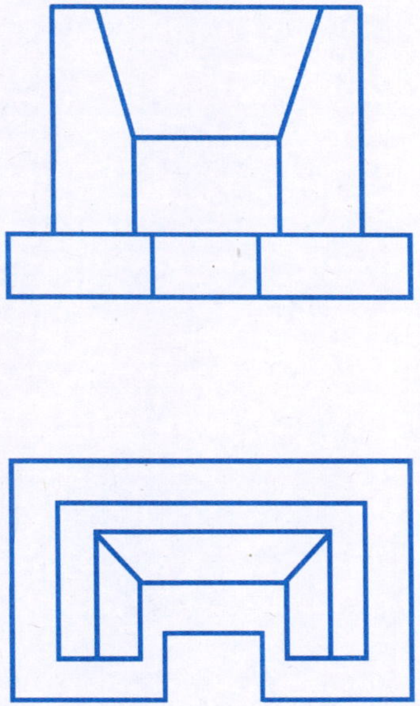

专业班级		姓　名		学　号		日　期		评　阅	

⑤

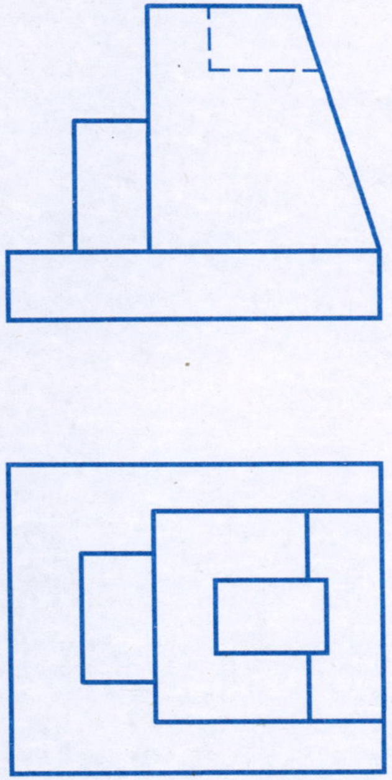

⑥

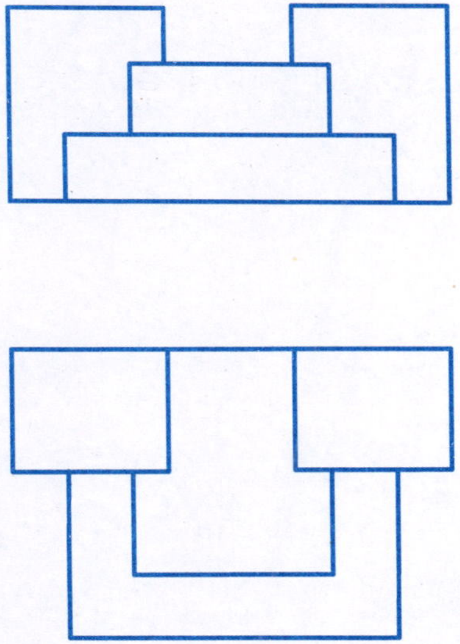

专业班级		姓　名		学　号		日　期		评　阅	

⑦

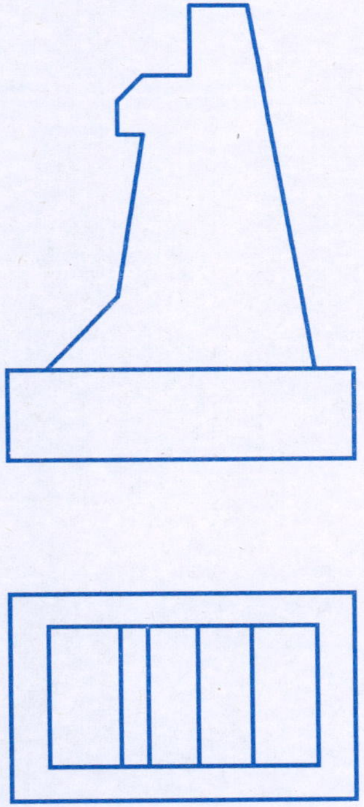

⑧

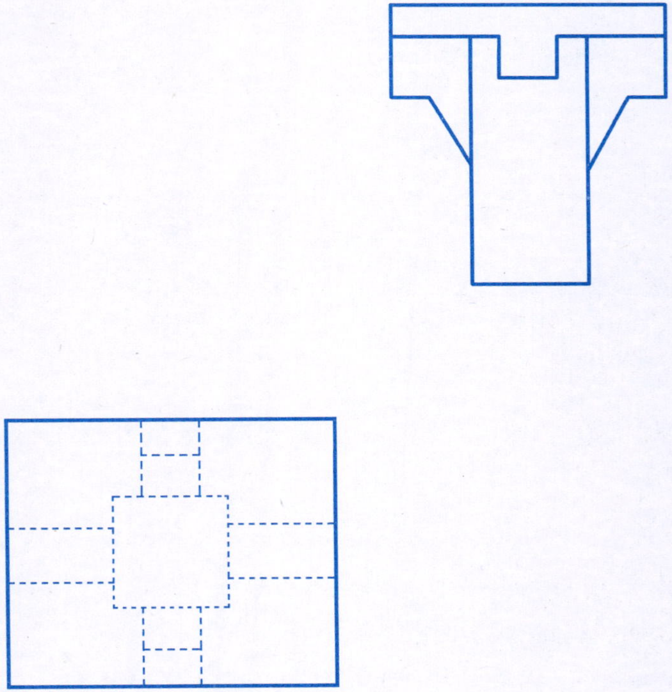

专业班级		姓　名		学　号		日　期		评　阅	

⑨

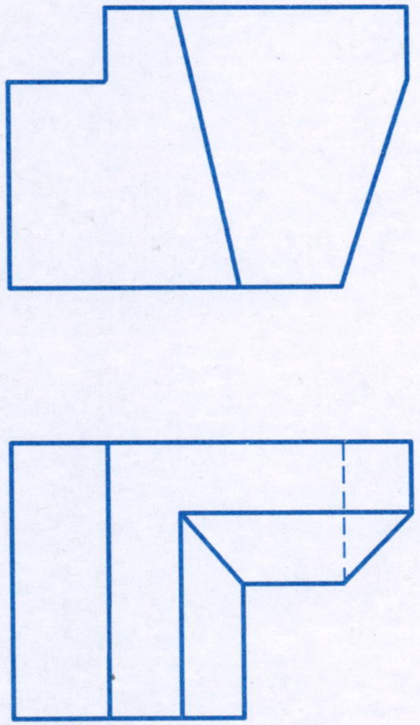

⑩

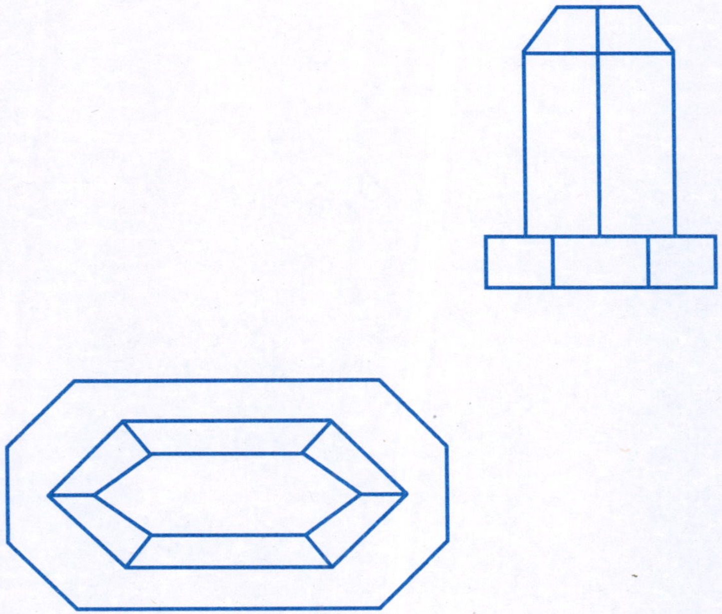

专业班级		姓　名		学　号		日　期		评　阅	

(2)补画投影图中所缺少的图线。

①

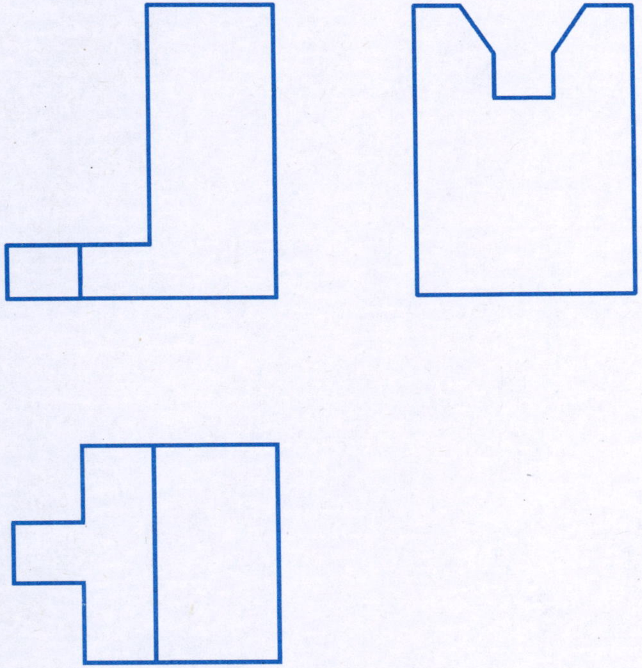

②

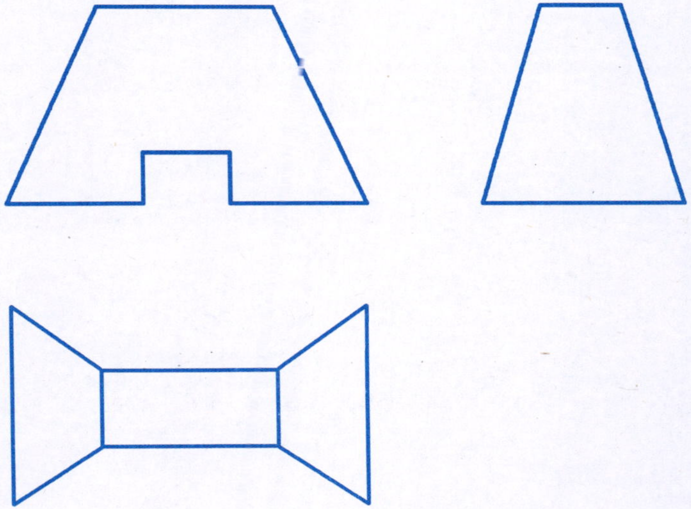

专业班级		姓　名		学　号		日　期		评　阅	

③

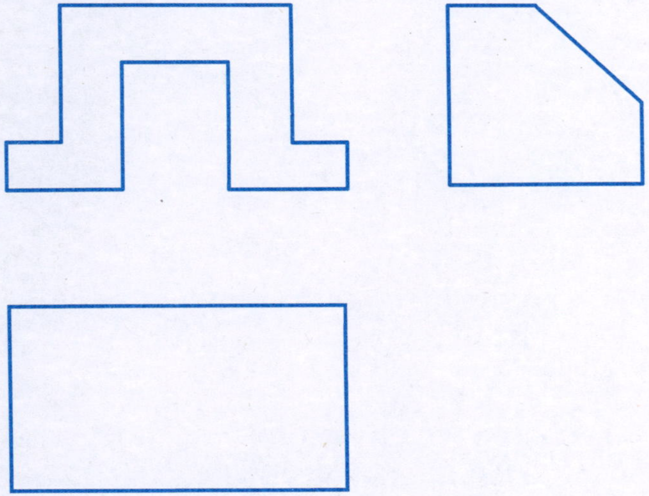

④

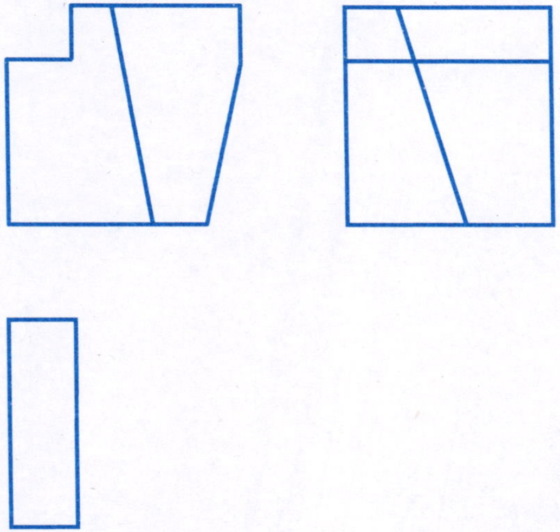

专业班级		姓 名		学 号		日 期		评 阅	

⑤

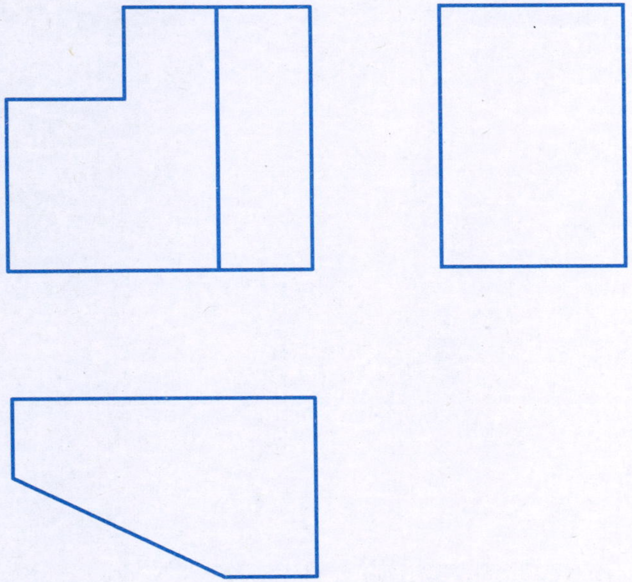

⑥

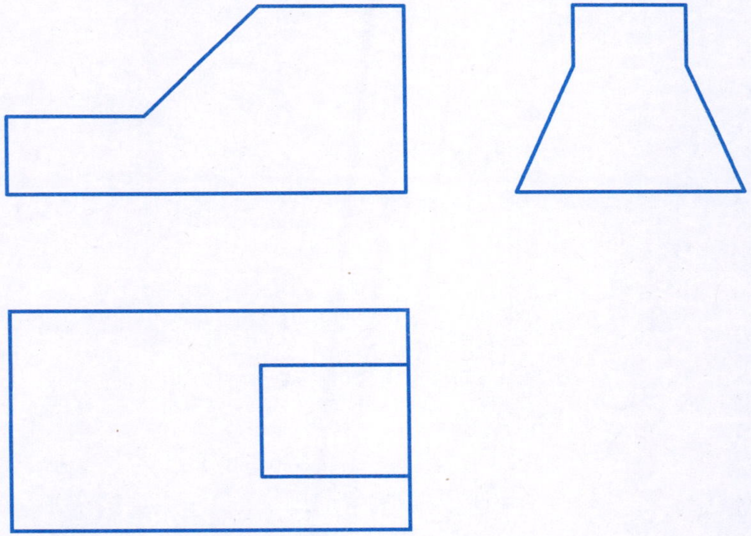

专业班级		姓　名		学　号		日　期		评　阅	

⑦

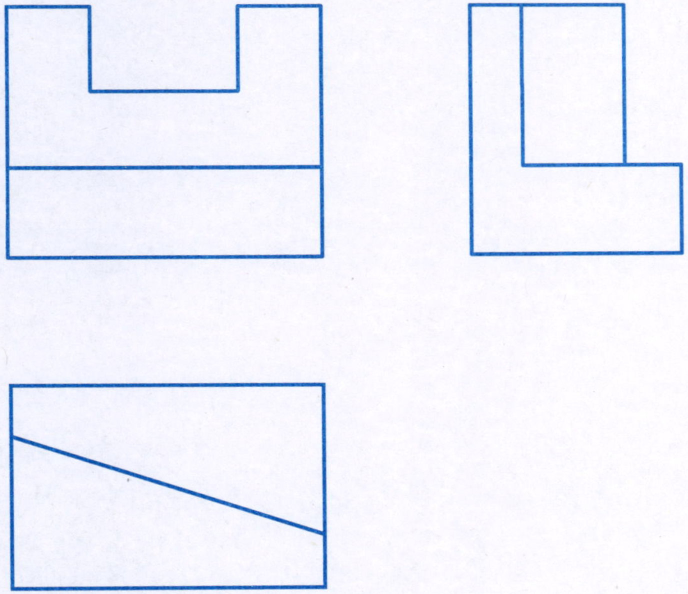

⑧

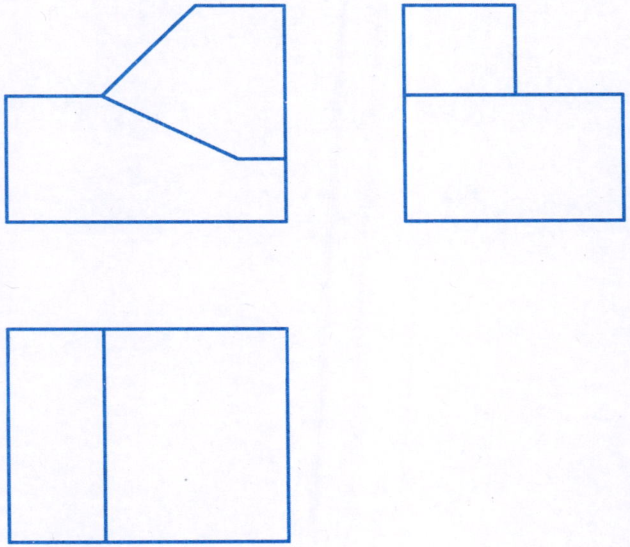

专业班级		姓 名		学 号		日 期		评 阅	

⑨

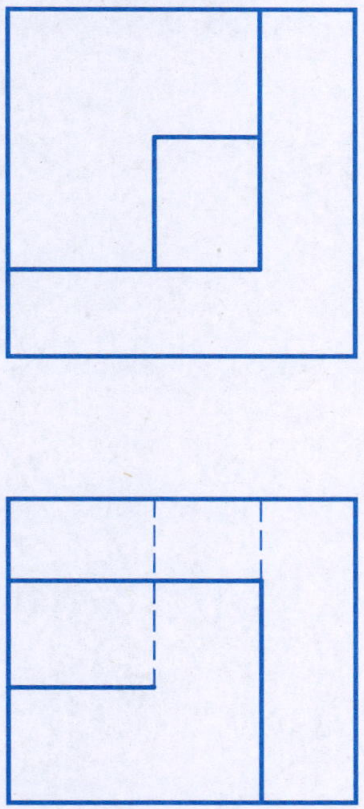

⑩

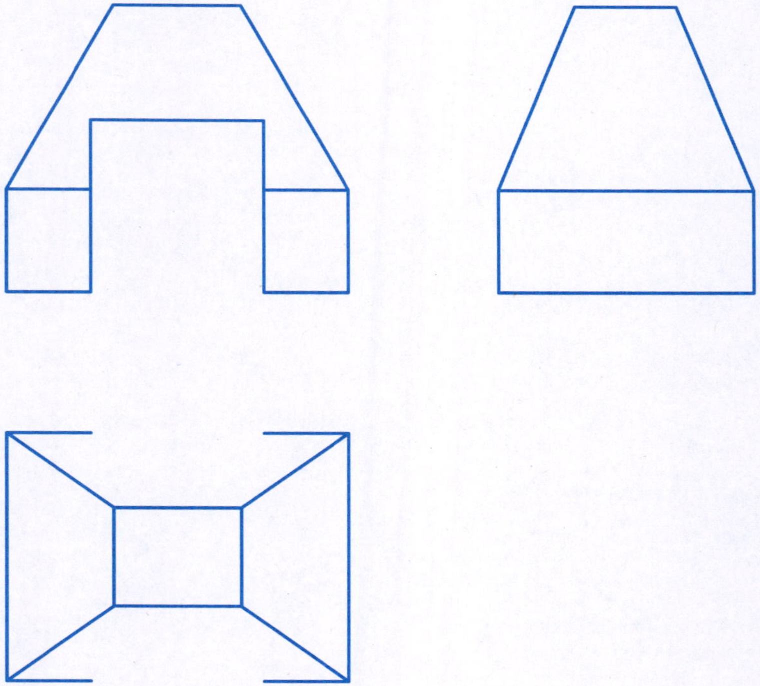

专业班级		姓　名		学　号		日　期		评　阅	

(3)根据已知的投影图和已知图线的意义，补画第三投影。

①补画 W 面投影。

(a)

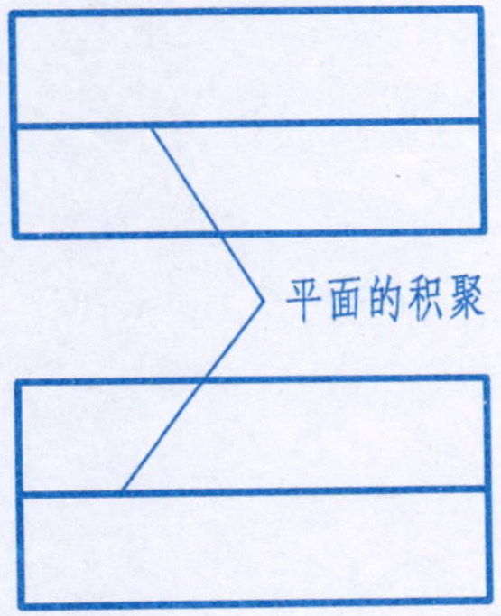

(b)

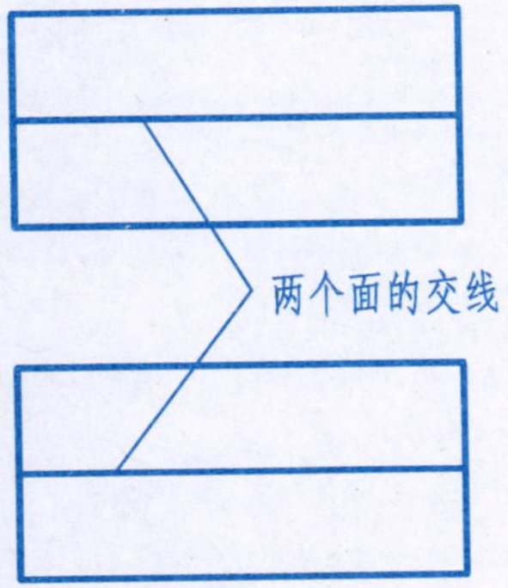

②补画 H 面投影。

(a)

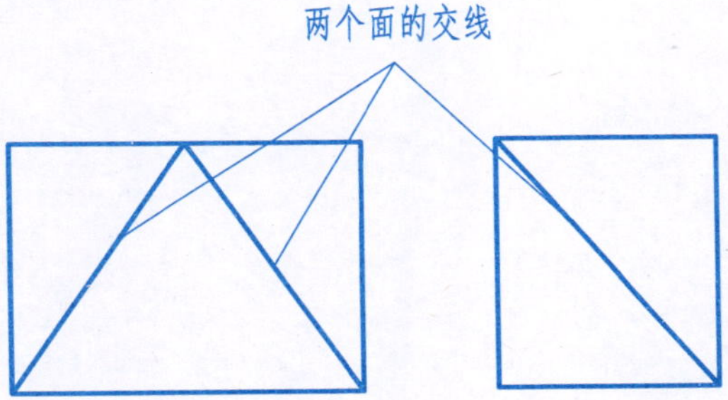

(b)

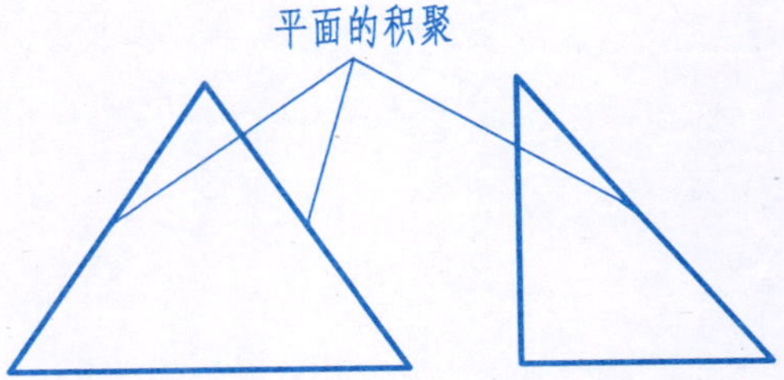

专业班级		姓　名		学　号		日　期		评　阅	

③补画 W 面投影。

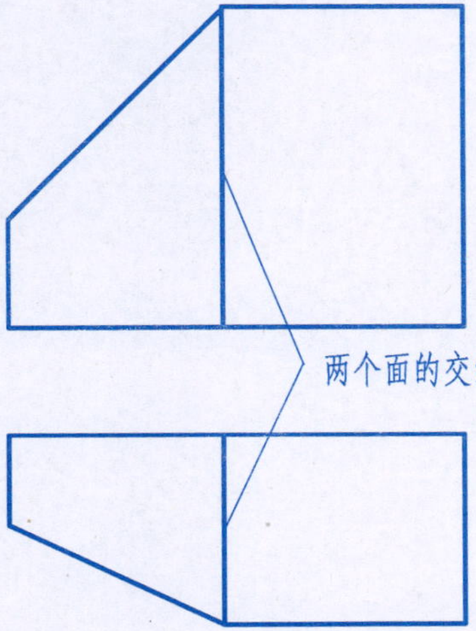

(4)根据已知的投影图和截平面的要求,补画另外两个投影图。

①

截平面:1个正垂面;1个正平面;1个侧垂面。

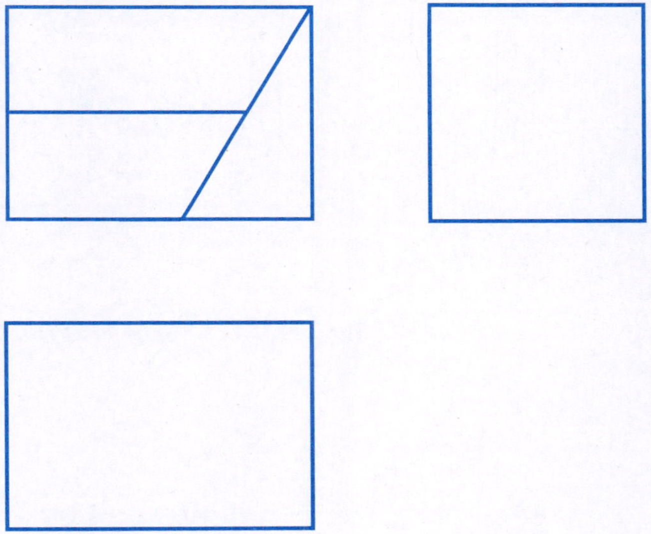

专业班级		姓　名		学　号		日　期		评　阅	

②

截平面:2个水平面;2个铅垂面

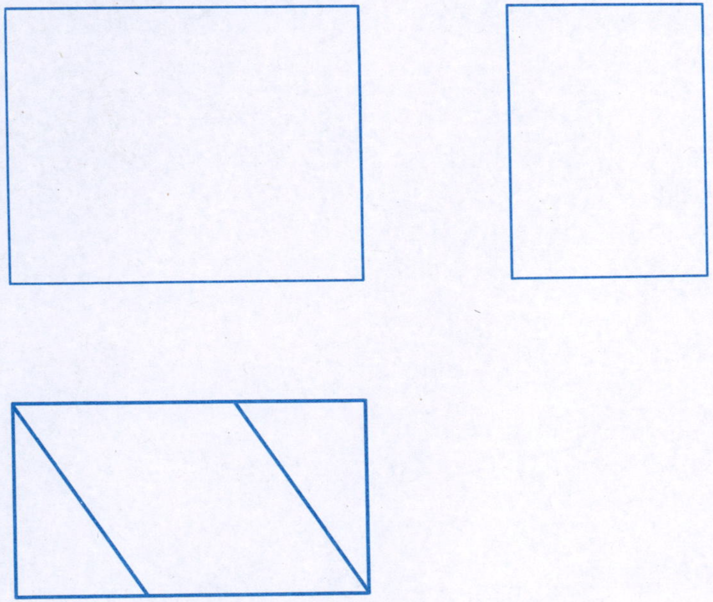

③

截平面:2个水平面;1个正平面; 1个铅垂面。

专业班级		姓 名		学 号		日 期		评 阅	

(5)补画下列投影图和轴测投影图中缺少的图线。

①

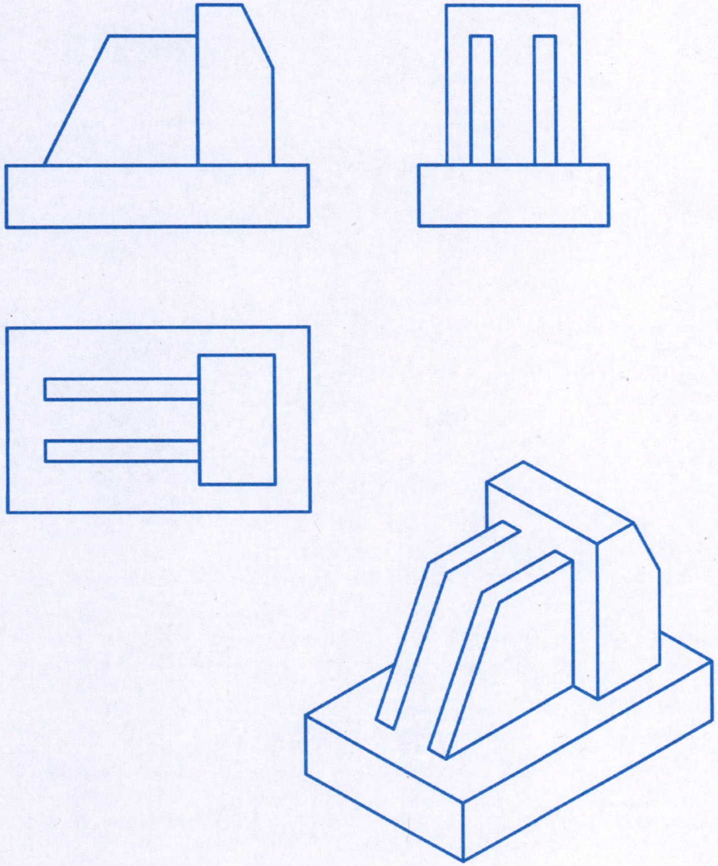

②

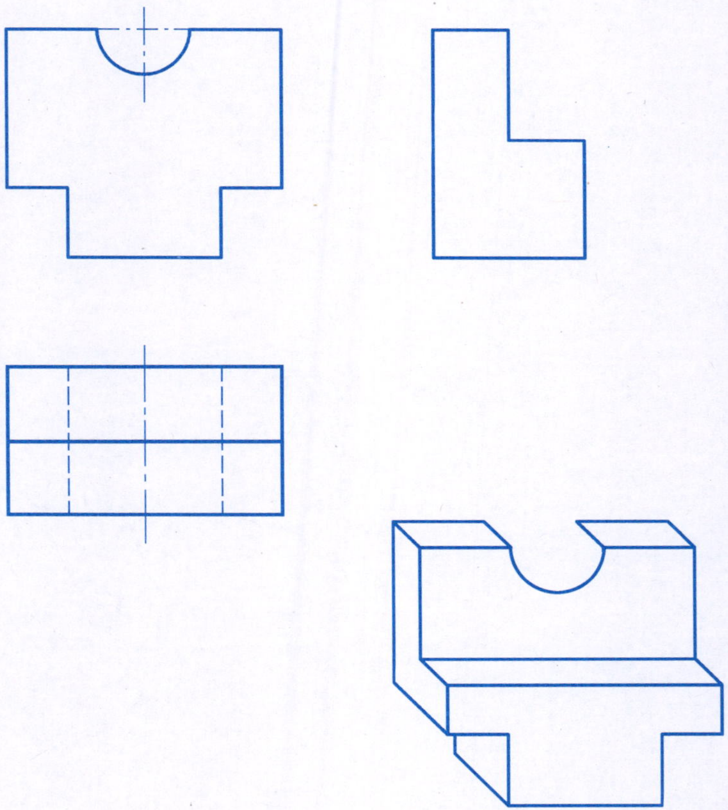

专业班级		姓　名		学　号		日　期		评　阅	

③

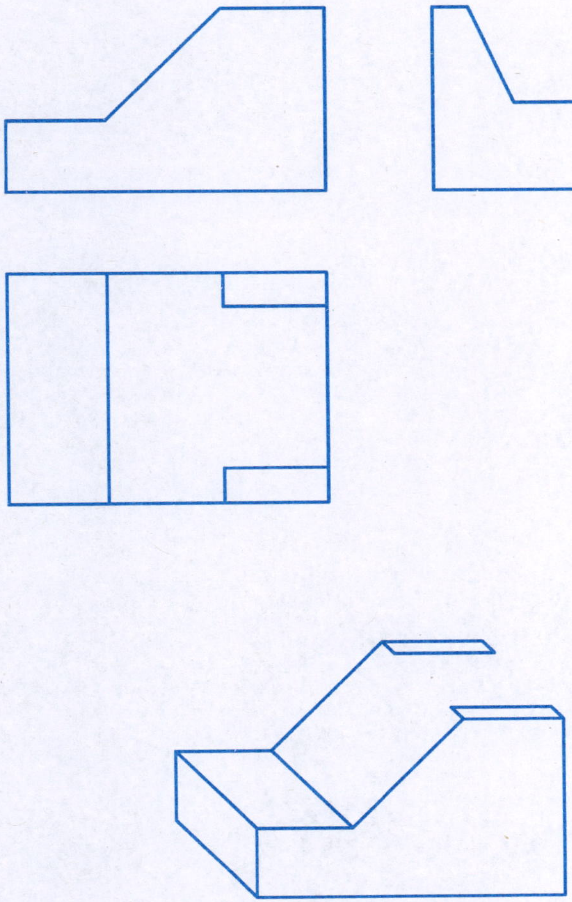

④

专业班级		姓　名		学　号		日　期		评　阅	

⑤

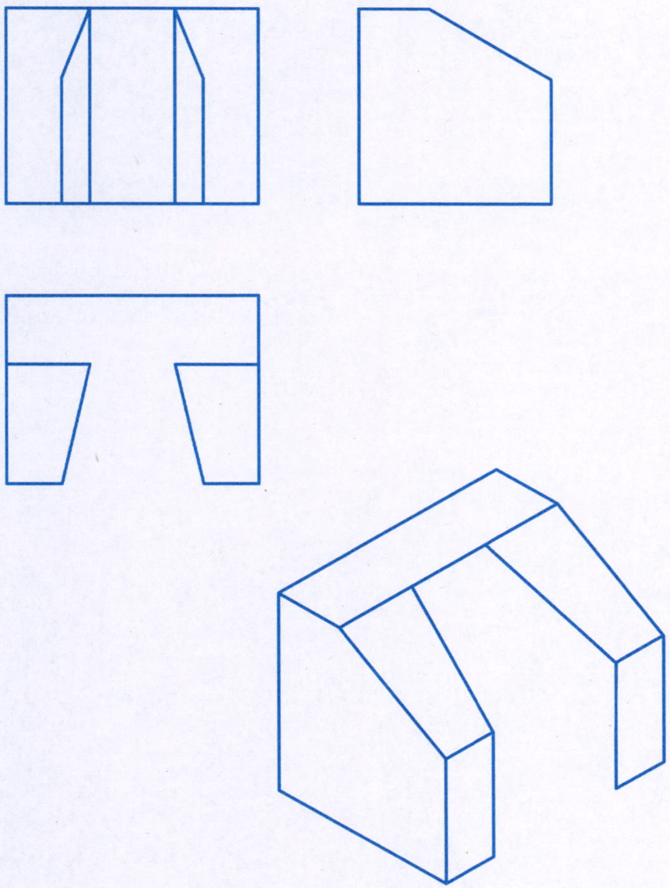

⑥

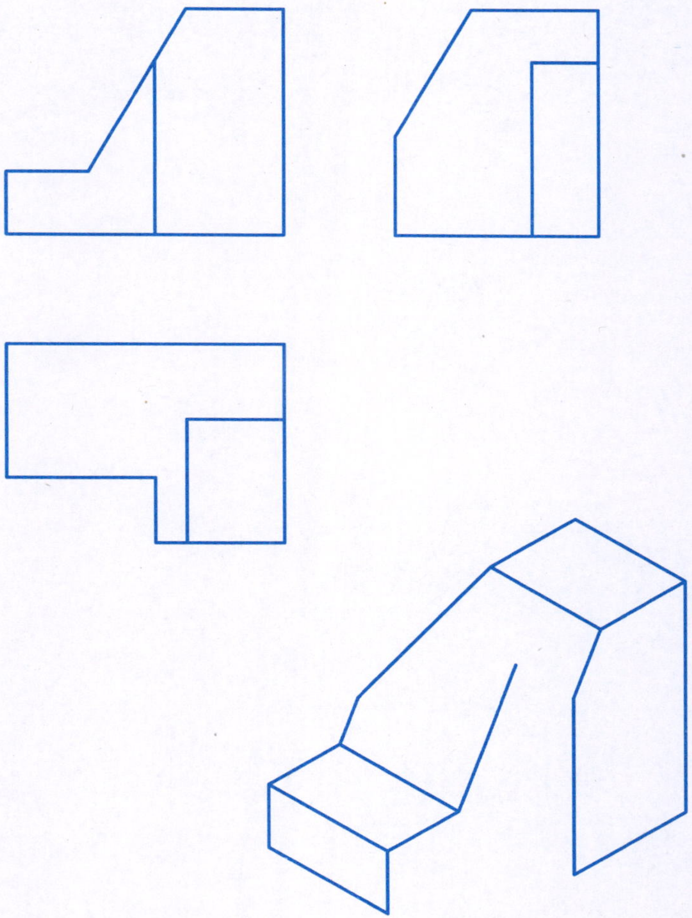

专业班级		姓　名		学　号		日　期		评　阅	

练习一　剖面图练习

(1)补画剖面图和轴测图中的剖面线。

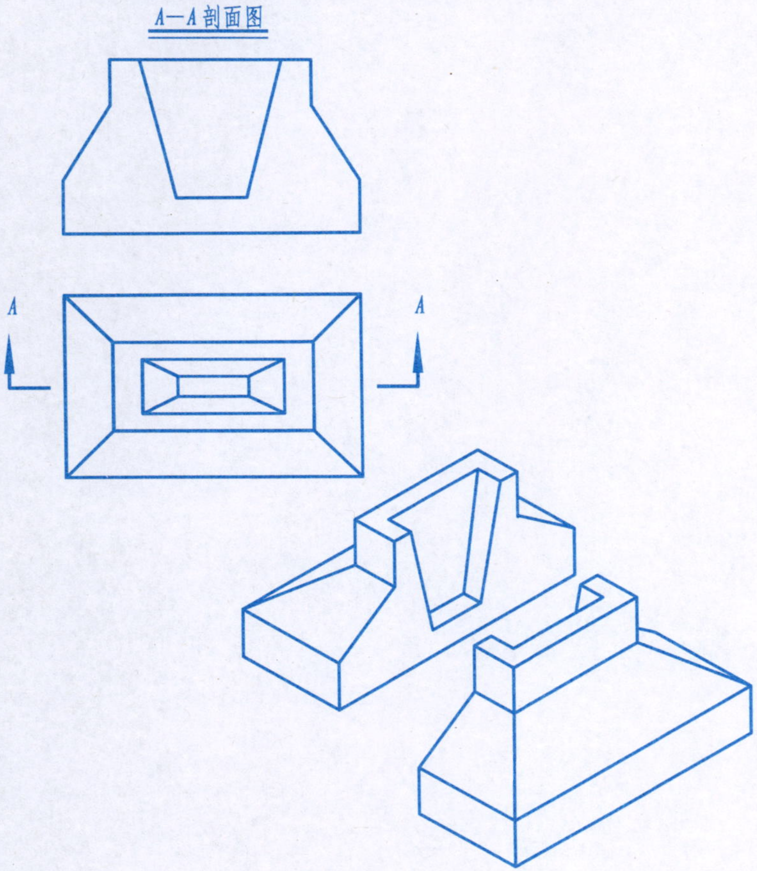

(2)补画剖面图和轴测图中的剖面线。

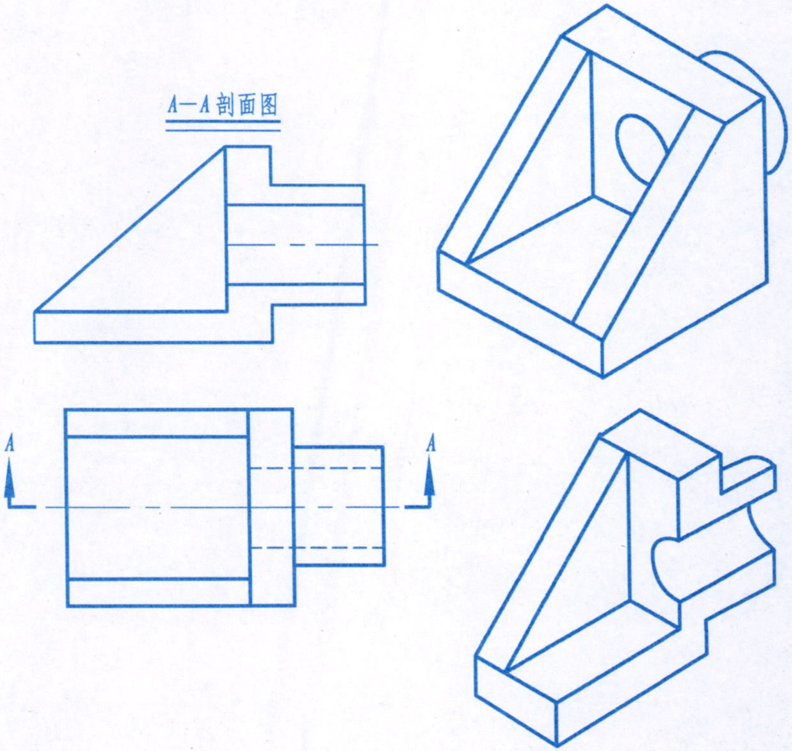

专业班级		姓　名		学　号		日　期		评　阅	

(3)补画剖面图和轴测图中的剖面线。

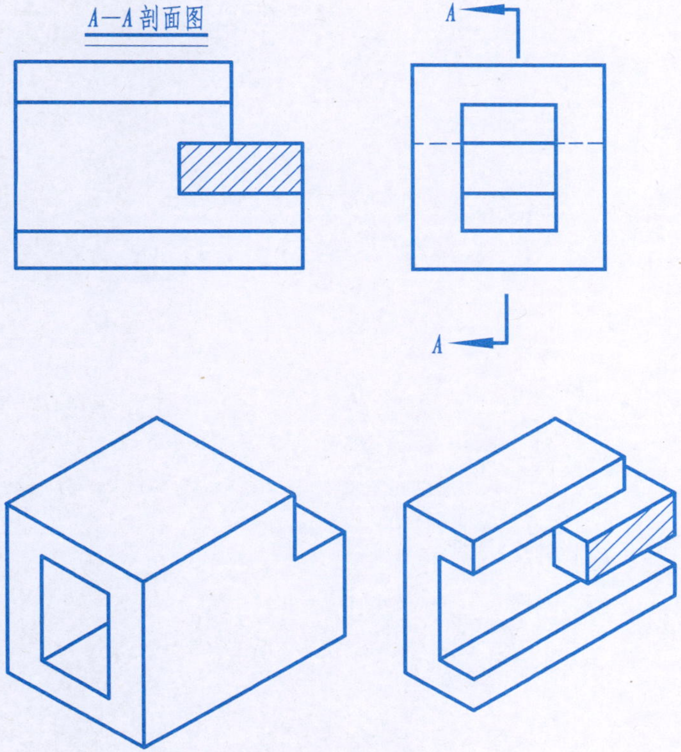

(4)补画剖面图和轴测图中的剖面线。

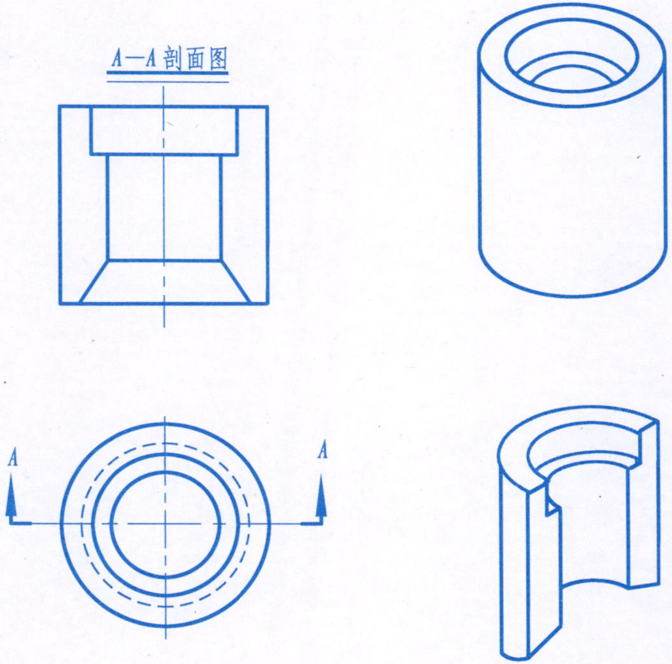

专业班级		姓　名		学　号		日　期		评　阅	

(5)补画剖面图和轴测图中的剖面线。

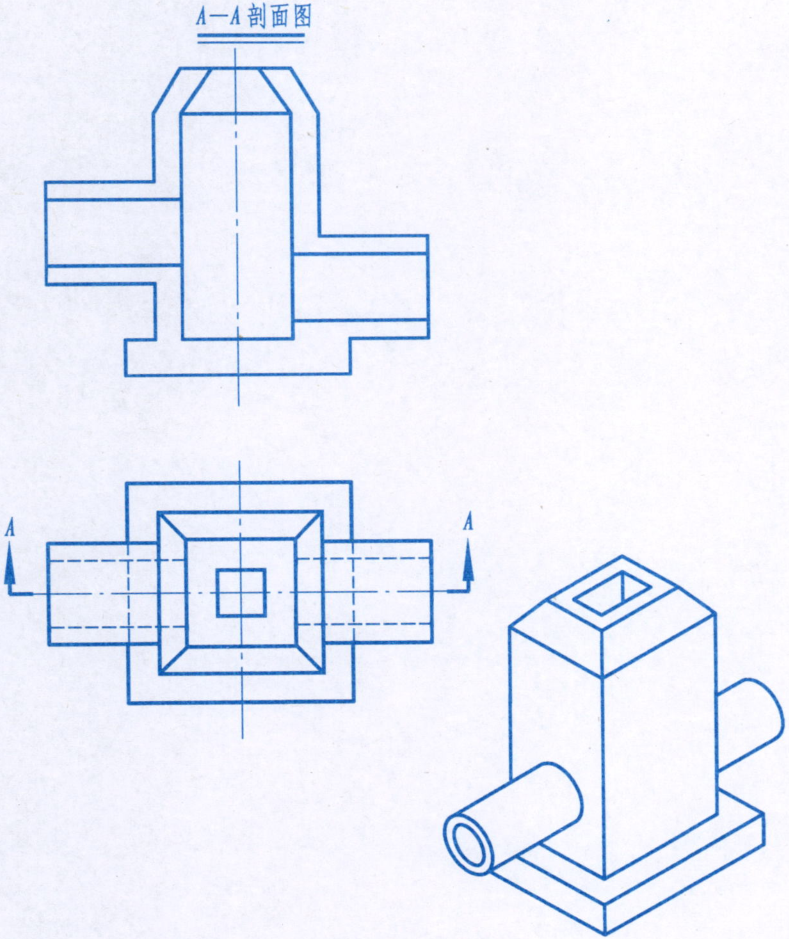

(6)补画剖面图和轴测图中的剖面线。

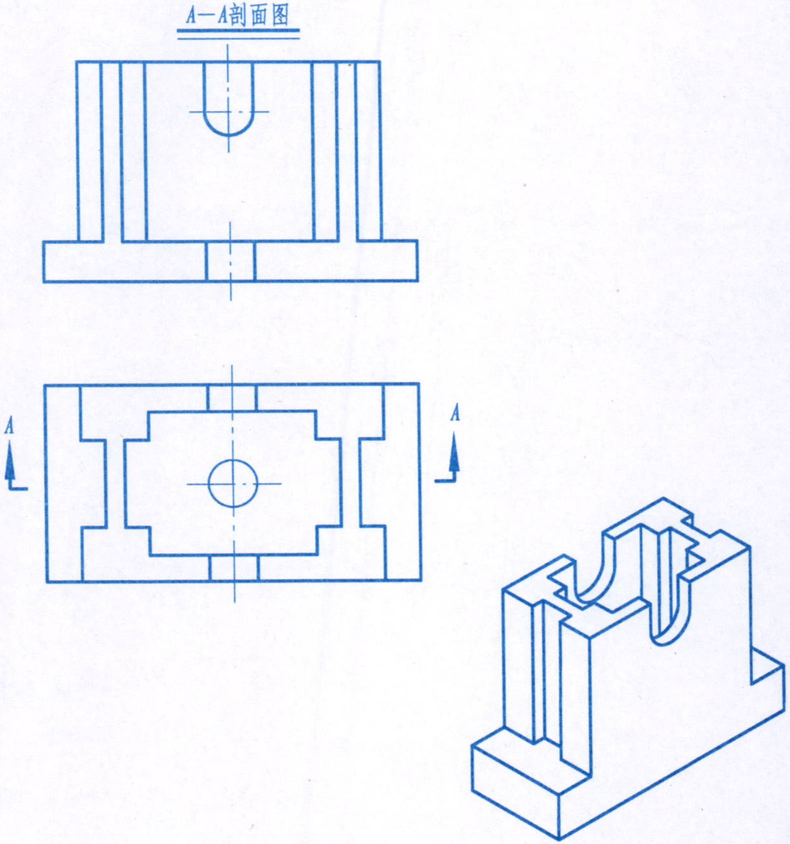

专业班级		姓　名		学　号		日　期		评　阅	

练习二　断面图练习

(1)完成 *A*—*A* 断面图。

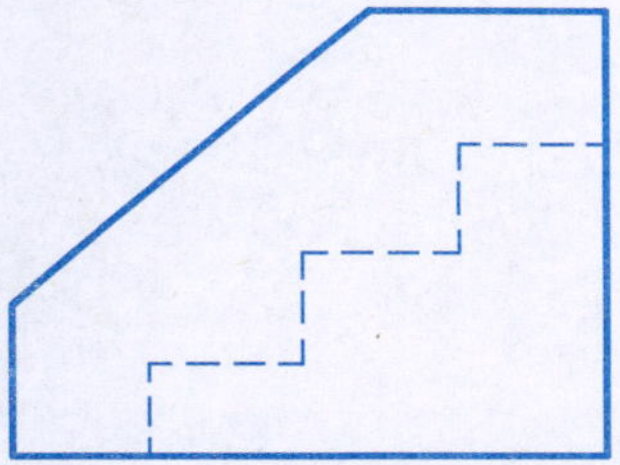

A—A断面图

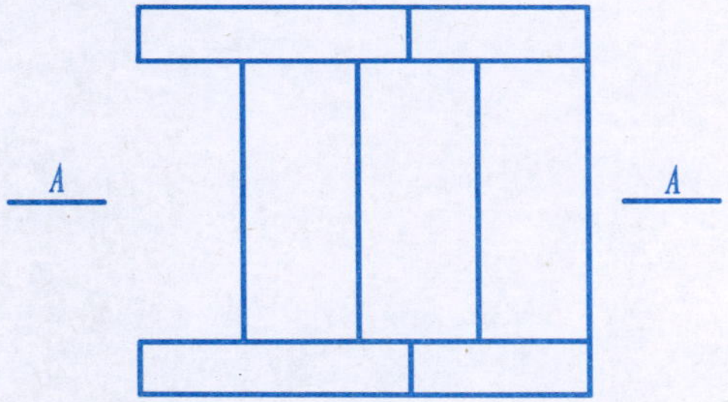

(2)完成 *A*—*A* 断面图。

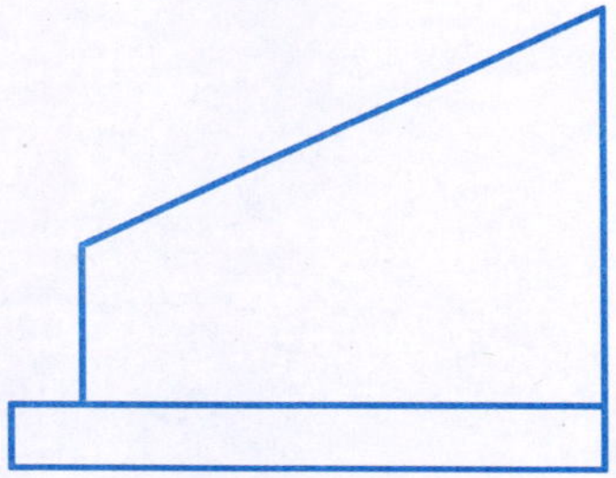

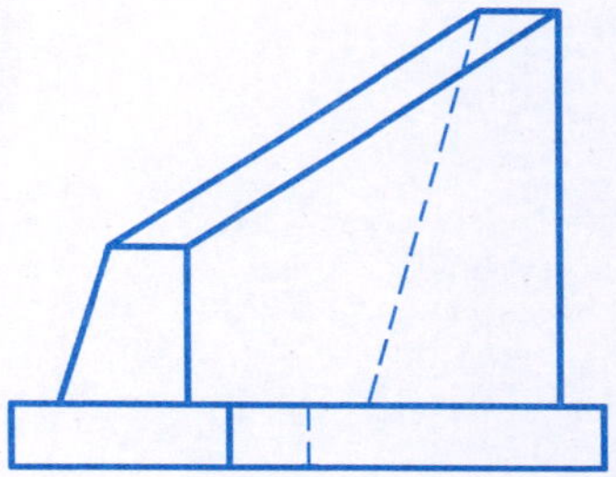

A—A断面图

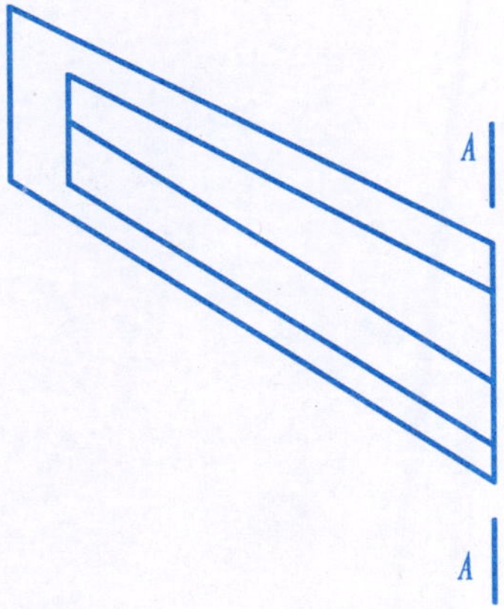

专业班级		姓　名		学　号		日　期		评　阅	

(3)完成移出断面、中断断面、重合断面。

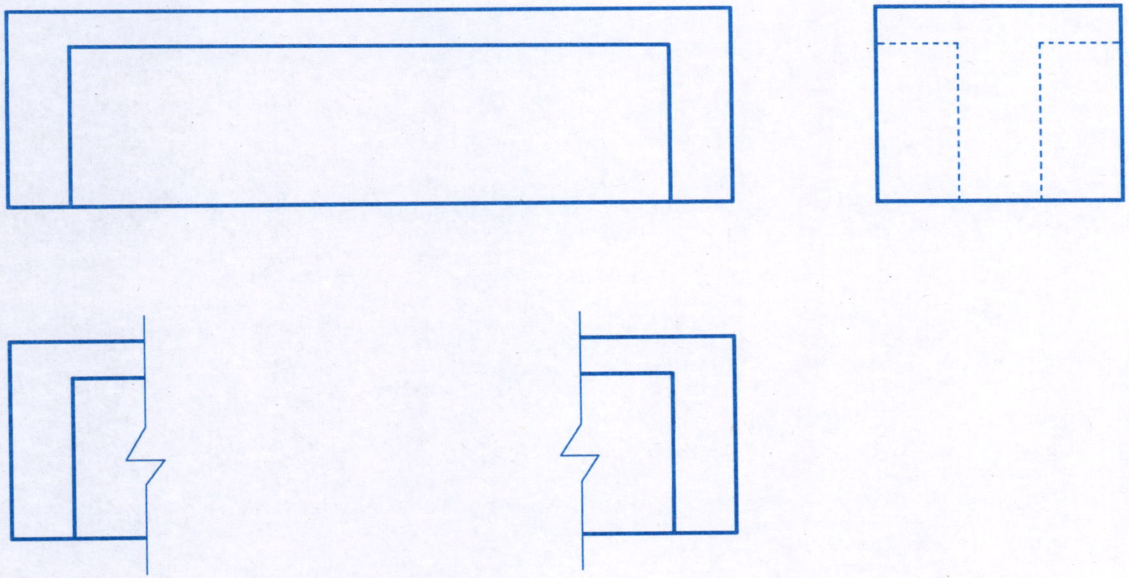

专业班级		姓　名		学　号		日　期		评　阅	

(4)完成 *A*—*A*，*B*—*B*，*C*—*C* 断面图。

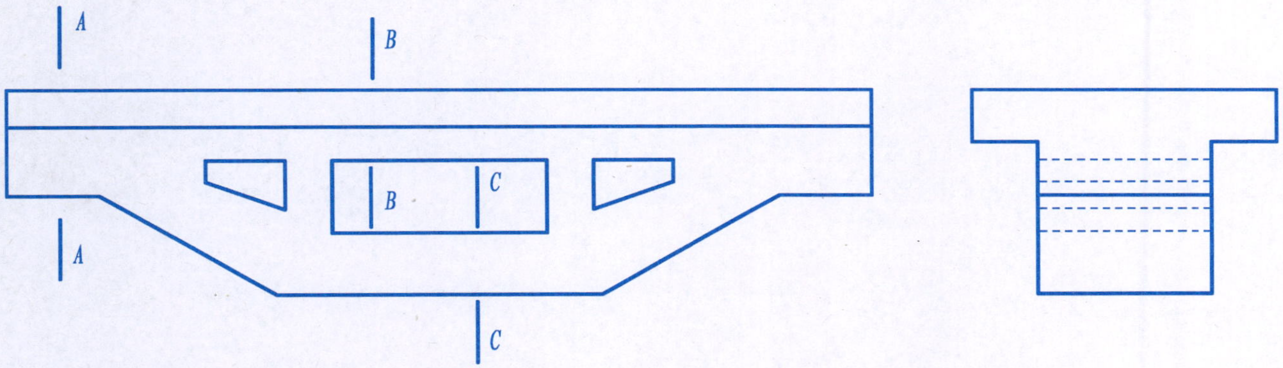

专业班级		姓　名		学　号		日　期		评　阅	

练习一 直线和平面的标高投影练习

(1)求图中直线上高程为10.8 m的B点，和该线段上标高为整数的各点。

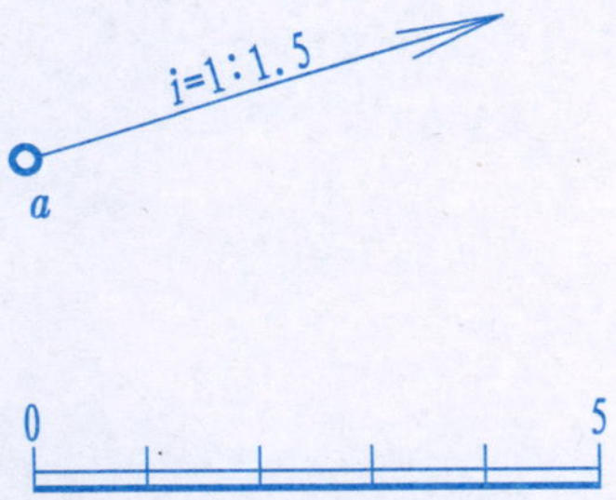

(2)作出P平面($a_{36.5}$，$b_{39.5}$，$c_{43.2}$)的坡度比例尺Pi，并作出该平面与H面的倾角α。

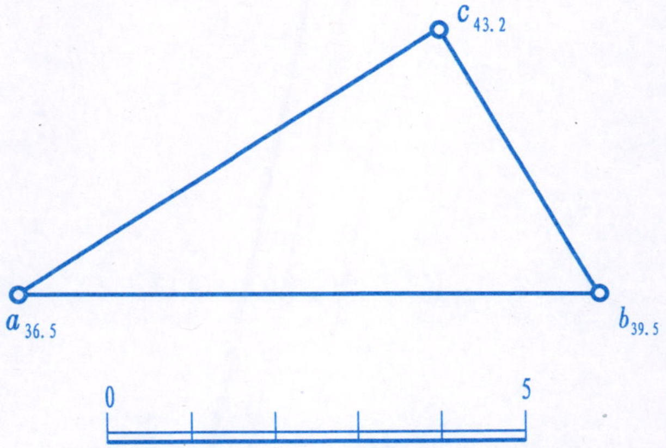

专业班级		姓　名		学　号		日　期		评　阅	

(3)求下列两平面的交线。

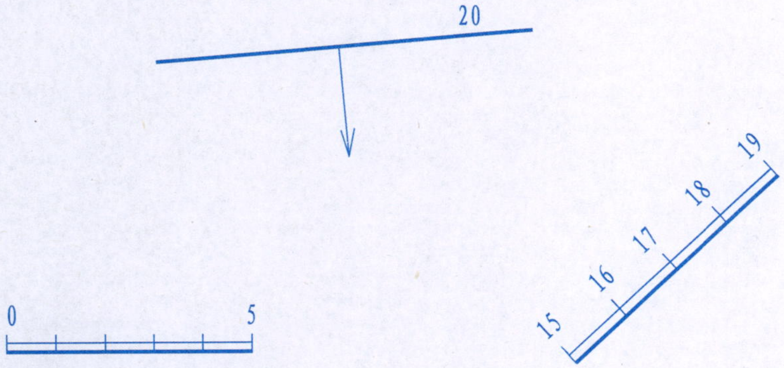

(4)P 平面由直线(a_4b_4)及坡度 1∶0.75 决定,Q 平面由过 B 点的坡度为 1∶3 的直线以及平面坡度 1∶1 决定,求作 P,Q 两平面的交线及其迹线(与 H 面的交线)。

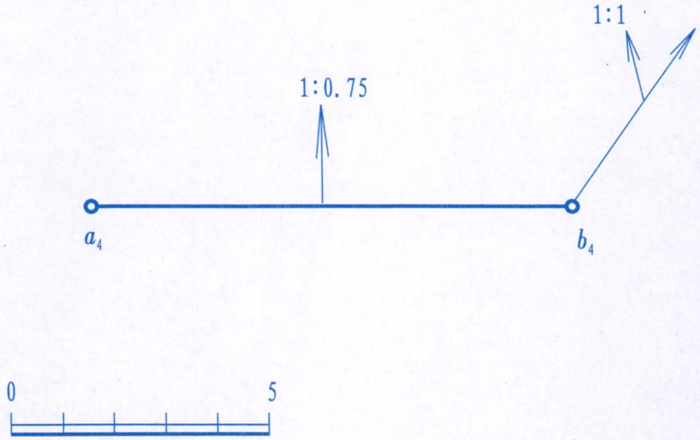

专业班级		姓　名		学　号		日　期		评　阅	

(5)两堤顶的标高及各边坡坡度如图所示，求各边坡与标高为 ±0 的地面的交线以及各边坡之间的交线。

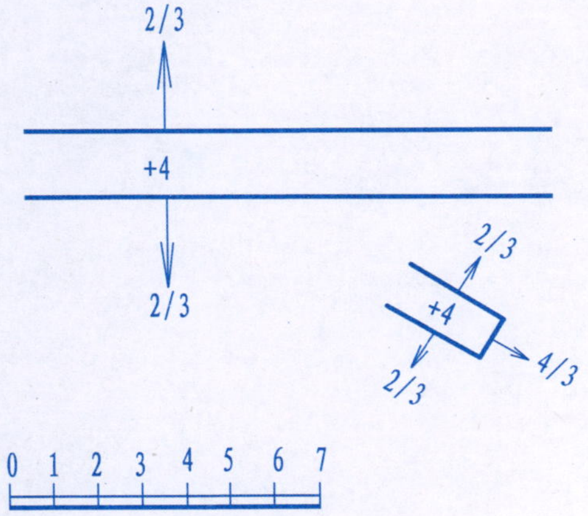

(6)地面、坝顶、河底的标高及河岸坡、堤坝坡度均如图所示，求堤坝各表面与河底、河岸间的交线以及河岸边坡与河底的交线。

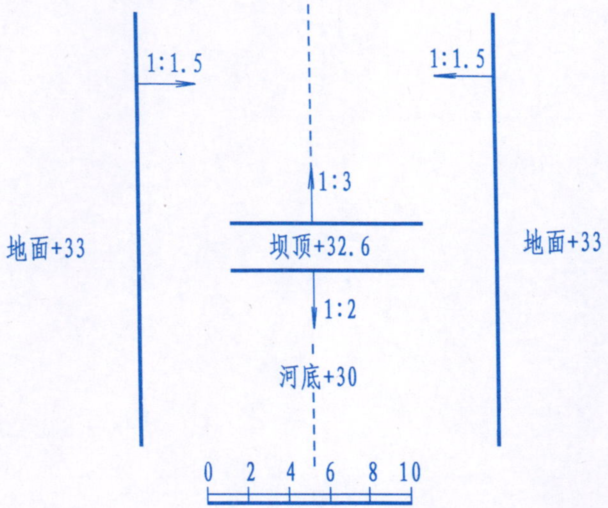

专业班级		姓　名		学　号		日　期		评　阅	

练习二　曲面的标高投影练习

(1)在土坝与河岸连接处,筑一圆锥面护坡,求作此护坡与河岸岸坡及坝面间的交线、各坡面与河底的交线。

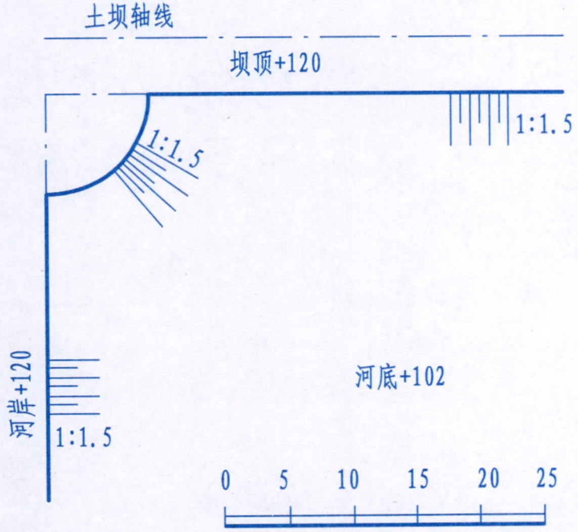

(2)圆弧引道两侧边坡的坡度为1∶2,地面标高为±0,求作各边坡与地面的交线及各边坡间的交线。

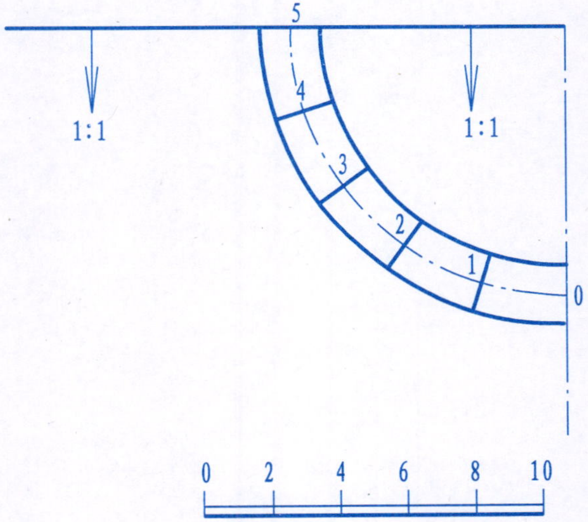

专业班级		姓　名		学　号		日　期		评　阅	

(3) A 到 B 为一管道，试用虚线与实线分别表明管道 AB 埋入地下和露出地面外的各段（其纵断面绘在左面高程 38 处）。

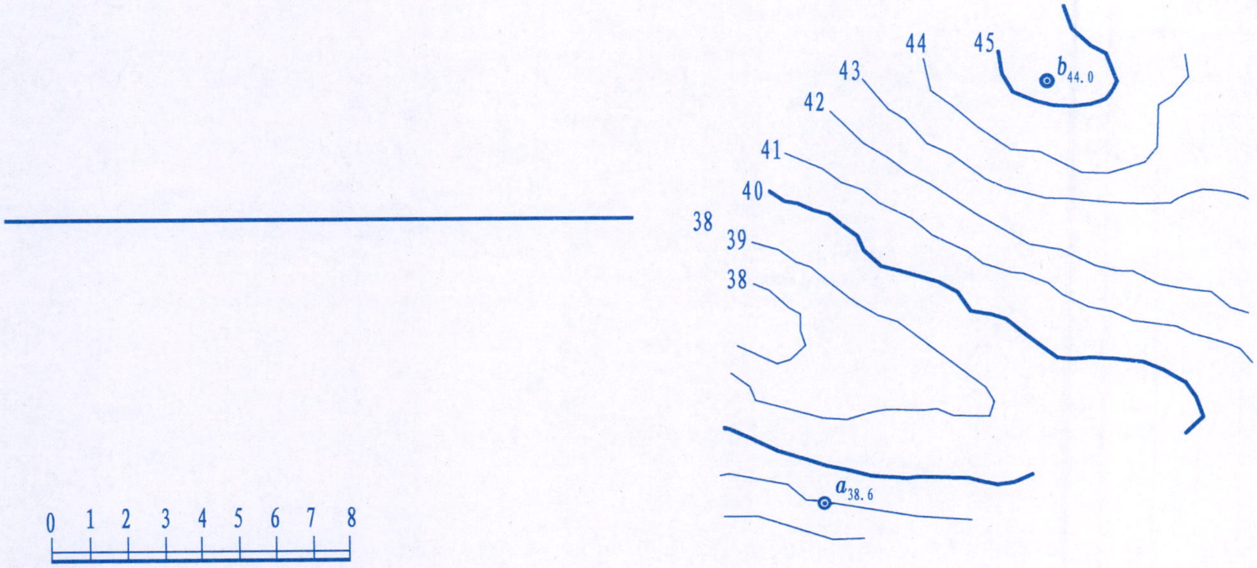

专业班级		姓　名		学　号		日　期		评　阅	

练习三　绘出平面、曲面与地形面的交线

(1)水平道路路面标高为 +46,填方坡度为 1∶3,挖方坡度为 1∶1,求填挖方界线。

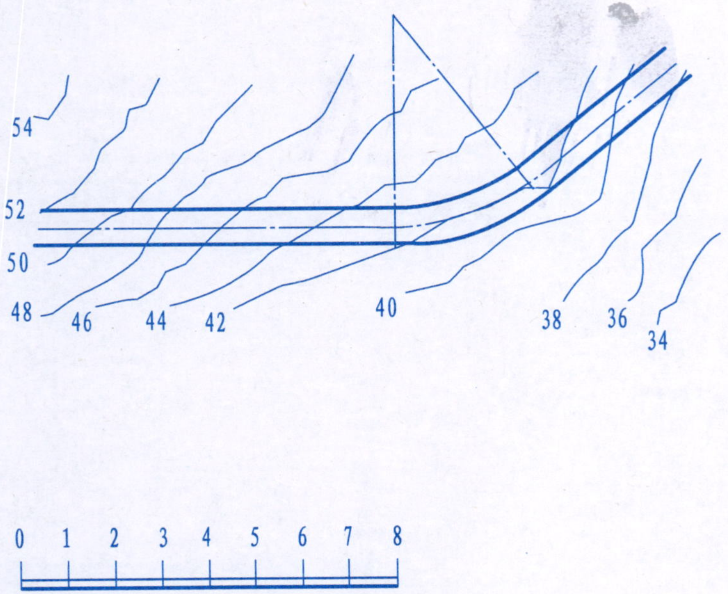

(2)在地面上修筑一段有坡度的道路,其填方坡度与挖方坡度均为 1∶1.5,求作填挖方界线。

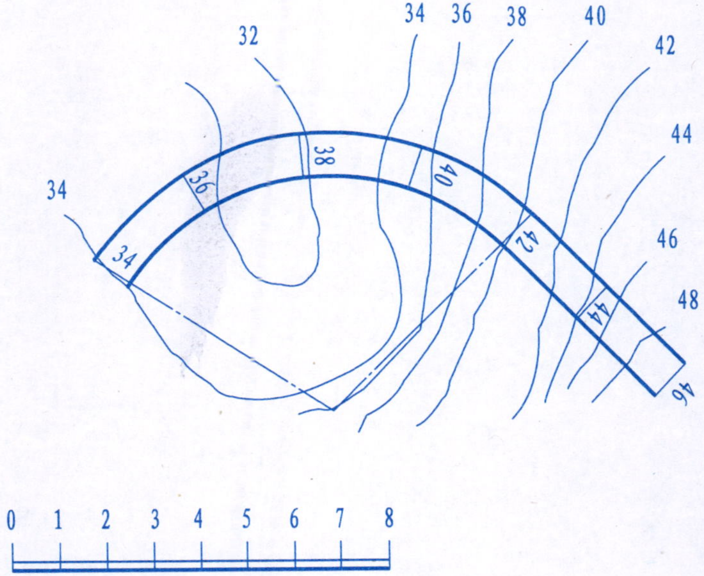

专业班级		姓　名		学　号		日　期		评　阅	

(3)求图中广场的坡面与地面的交线,以及各坡面的交线。坡面的挖方坡度为1∶2,填方坡度为1∶1。

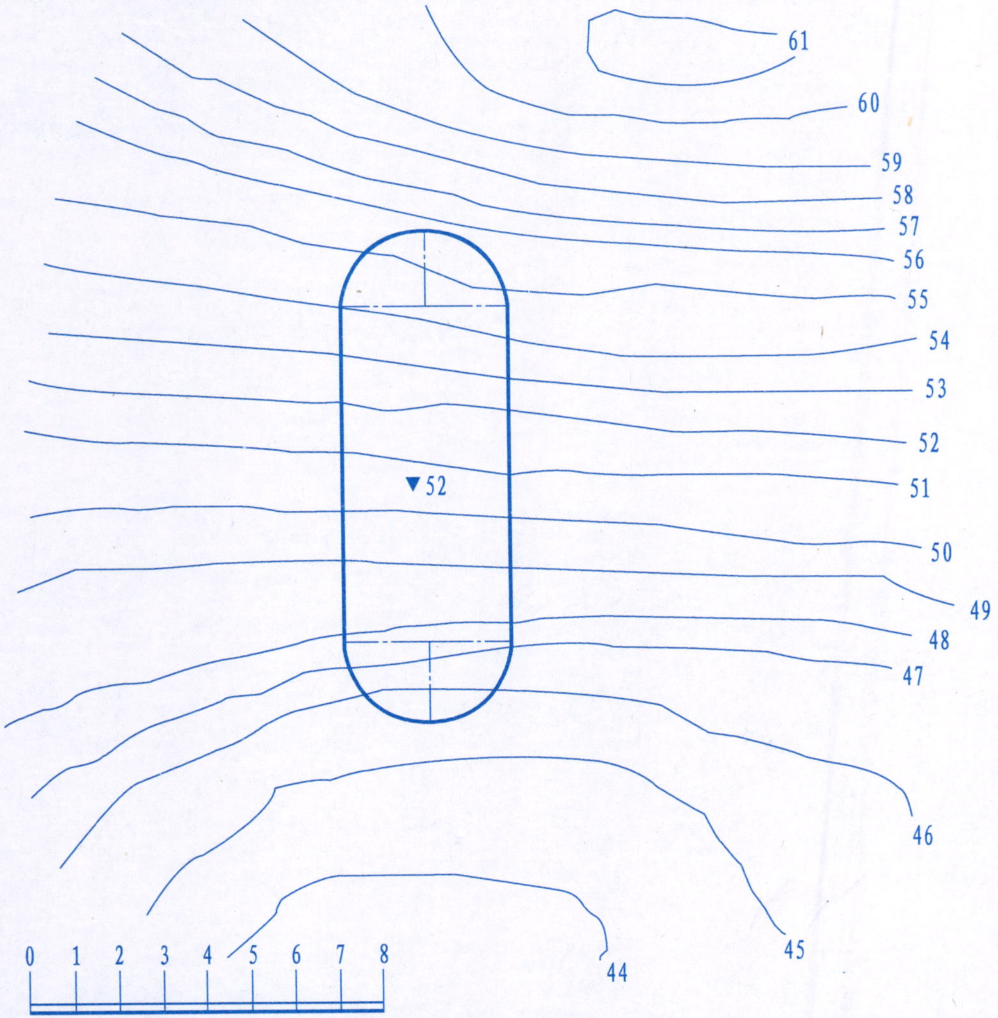

专业班级		姓　名		学　号		日　期		评　阅	

练习一 道路工程图练习

(1)请补全地面线(细线)、设计线(粗线)和填、挖高程数字。

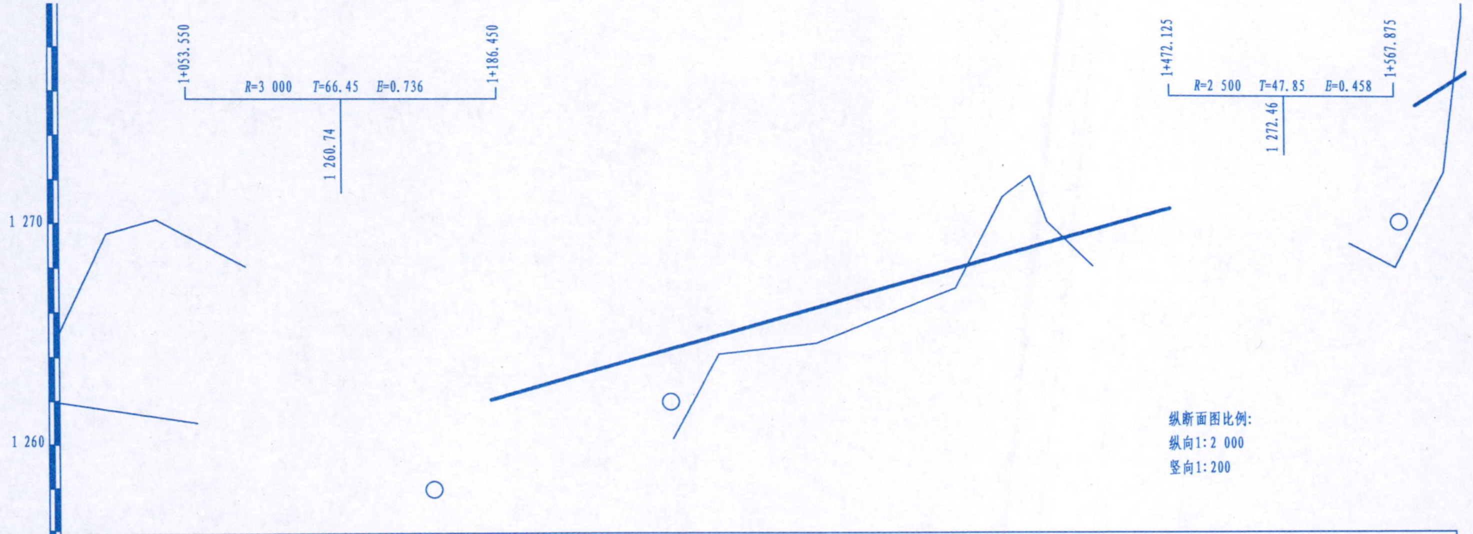

地质情况:

坡度距离: 420 1.43 | 3.00 400 | 6.83 410

桩号	原地面高	设计高程	填高	挖深
1+000	1 265.50	1 261.71		3.79
1+020	1 269.50	1 261.42		8.08
1+040	1 270.00	1 261.14		8.86
1+060	1 269.00	1 260.86		8.14
1+080	1 268.00	1 260.68		7.32
1+100	1 264.50	1 260.64		3.86
1+120	1 261.00	1 260.74		
1+140	1 258.00	1 260.96		
1+160	1 258.00	1 261.32		
1+180	1 258.00	1 261.81		
1+200	1 266.00	1 262.40		
1+220	1 265.00	1 263.00		
1+240	1 262.20			
1+260	1 260.00			
1+280	1 264.00	1 264.80		
1+300	1 264.30			
1+309.20	1 264.50	1 265.00		
1+320	1 264.60	1 266.00		
1+340	1 265.30	1 266.60		
1+360	1 266.00	1 267.20	1.20	
1+361.17	1 266.10	1 267.24	1.14	
1+380	1 267.00	1 267.80	0.80	
1+400	1 271.00	1 268.40		2.60
1+413.14	1 272.00	1 268.79		3.21
1+420	1 270.00	1 269.00		1.00
1+440	1 268.00	1 269.60	1.60	
1+460	1 268.00	1 270.20	2.20	
1+463.14	1 268.00	1 270.29	2.29	
1+480	1 270.00	1 270.80	0.80	
1+500	1 272.00	1 271.55		0.45
1+520	1 272.00	1 272.46	0.46	
1+540	1 269.00	1 273.52	4.52	
1+560	1 268.00	1 274.74	6.74	
1+580	1 272.00	1 276.10	4.10	

平曲线

专业班级		姓 名		学 号		日 期		评 阅	

(2)补绘纵断面图中的地面线，并依据标准横断面图绘制给定桩号处的路基横断面（比例 1 : 400）。

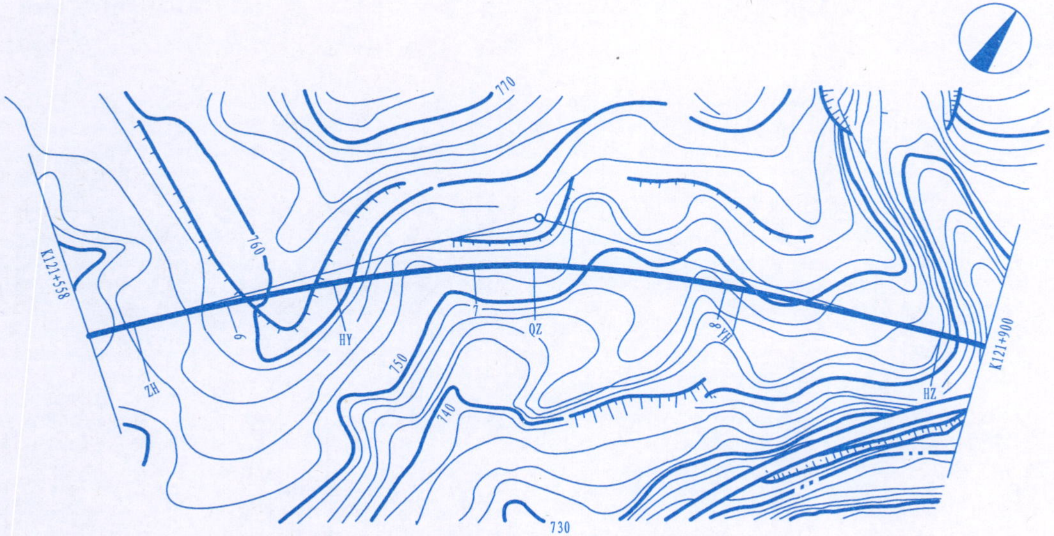

平面图比例(1:200)；纵断面比例(纵向1:2 000，竖向1:400)

标准横断面(1:400)
填方边坡1:1.5
挖方边坡1:1

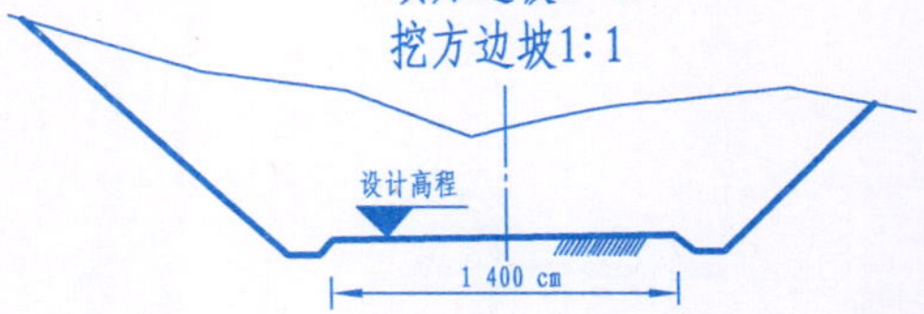

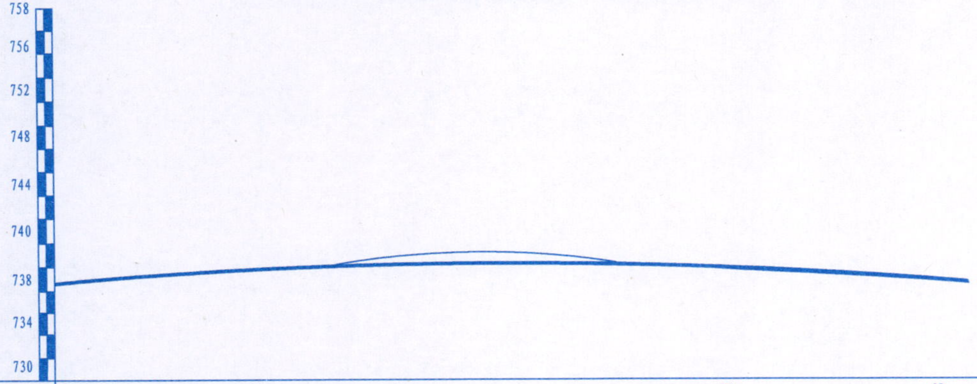

桩号	560	580	600	620	640	656	680	700	720	740	760	780	791	806.8	824	840	860	873	886.8	900

专业班级		姓 名		学 号		日 期		评 阅	

练习一　抄绘桥位平面图

用 A4 图幅透明描图纸，描绘某桥桥位平面图。

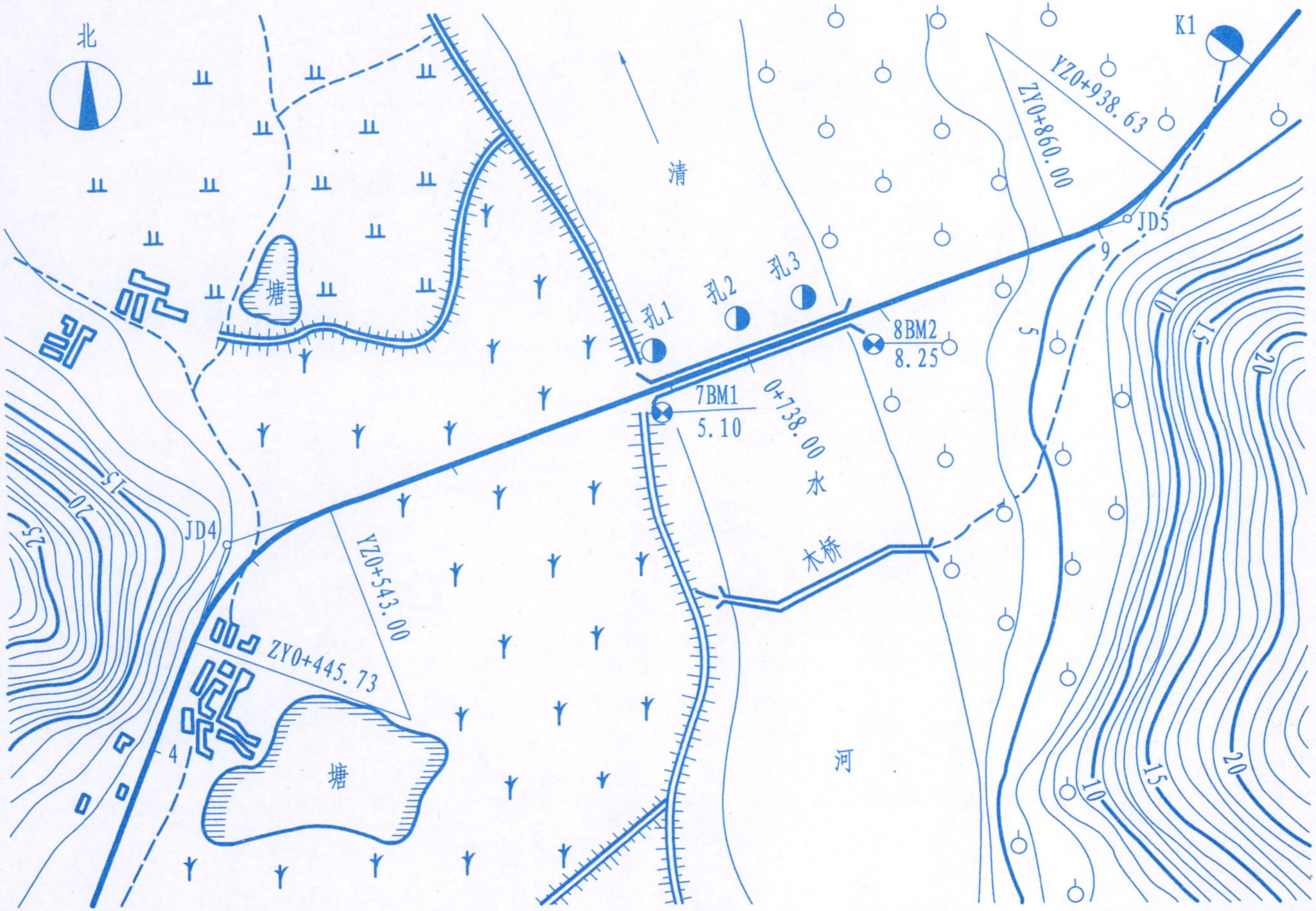

专业班级		姓　名		学　号		日　期		评　阅	

作业指示书(1)

钢筋混凝土结构图

1. 目的

了解钢筋混凝土结构图的内容和要求，掌握结构图的绘图步骤和方法。

2. 内容

分题1：抄绘《道路工程制图与识图》11.8 钢筋混凝土梁结构图及表11.4，并补画Ⅱ—Ⅱ断面图。

分题2：抄绘《道路工程制图与识图》11.18 主梁骨架结构图及一片主梁钢筋明细表并补画1/4跨或1/8跨断面图。

3. 要求

(1)图幅：按A3图幅的规格，用H铅笔先画图框、图标的稿线，按照视图比例所占地位大小来布置图纸幅面，要考虑标注尺寸和文字，图标格式大小与以前作业相同。

(2)图名：

分题1：钢筋混凝土梁结构图。

分题2：主梁骨架结构图。

(3)比例：

分题1：1∶50，其中断面图1∶20。

分题2：1∶20。

(4)图线：绘制铅笔图(或墨线图)。受力钢筋线粗 $b\approx 0.5\sim 0.6$ mm，非受力钢筋线粗0.3 mm，尺寸线及轮廓线0.1～0.2 mm。

(5)字体：汉字要写长仿宋体。图纸标题栏中的校名、图名及表格名写7号，其余汉字写5号。日期、尺寸数字写3.5号或2.5号；断面图中小方格内钢筋编码数字写2.5号。

4. 绘图步骤

(1)根据比例布置三视图的位置。

(2)画各图的基准线。

(3)用淡铅笔轻轻画各钢筋、外形轮廓线。

(4)检查正确无遗漏图线后，用2B软铅笔加深图线。

(5)最后标注尺寸，注写必要说明等。

5. 说明

(1)必须详细阅读《道路工程制图与识图》第11章有关内容，再进行绘图。

(2)要注意画图上重叠的受力钢筋线，净间距为0.5～0.6 mm，加深或上墨时要注意先从最外面的一条粗线画起，逐渐往里面画，保持均匀，避免钢筋线条混淆不清。

(3)钢筋弯钩、净距须用夸张放大来画，以清楚为度。钢筋弯起角度均为45°。

(4)由于立面图上受力钢筋之间净距以每根0.5～0.6 mm排列，故对应钢筋成型图中同一编码的钢筋在画图时高度略有差异，但尺寸注写不变。

专业班级		姓　名		学　号		日　期		评　阅	

作业指示书(2)

桥梁总体布置图

1. 目的

(1)熟悉一般桥梁布置图的内容和绘制要求。

(2)掌握绘制桥梁布置图的方法和步骤。

2. 内容

分题1:抄绘《道路工程制图与识图》第11章图11.12 ××桥总体布置图。

分题2:抄绘《道路工程制图与识图》第11章图11.24(d)桥梁总体布置图。

3. 要求

(1)图幅:按A2(或A3)图幅的规格,用H铅笔先画图框、图标的稿线,按照视图比例所占地位大小来布置图纸幅面,要考虑标注尺寸和文字说明的位置,图标格式大小与以前作业相同。

(2)图名:桥梁总体布置图

(3)比例:

分题1:平面图和立面图1∶250(或自定);横剖面图(Ⅰ—Ⅰ,Ⅱ—Ⅱ剖面)1∶100(或自定)。

分题2:平面图和立面图1∶100(或自定);横剖面图(Ⅰ—Ⅰ,Ⅱ—Ⅱ剖面)1∶50(或自定)。

(4)图线:绘制铅笔图(或墨线图)。支座、尺寸线等0.1~0.2 mm。基本粗实线b=0.7 mm,中粗线(虚线)0.5b=0.35 mm,细实线0.35b=0.25 mm。河床线0.5~0.8 mm,其他可见轮廓线0.25~0.4 mm,栏杆、支座、尺寸线等0.1~0.2 mm。剖切到的轮廓线用粗线,可见轮廓线用中粗线,尺寸线、剖面线、示坡线等均用细实线。

(5)字体:汉字应写长仿宋字。各图图名汉字写7号字,比例数字写3.5号(直体、斜体均可,但在同一张图纸中要一致)。尺寸数字和拉丁字母写2.5号或3.5号(但在同一张图纸中要一致)。所有数字均写3.5号字,日期数字写2.5号或3.5号,剖切线的拉丁字母、罗马字母或数字可写5号字。书写长仿宋体汉字时,应先画轻细的格子稿线,数字和字母应先画好二条字高线。字体要认真书写,做到整齐、端正。

图纸标题栏中的校名、图名及表格名写7号,其余汉字写5号。

(6)尺寸标注:应齐全、正确、清晰、合理,符合制图国标要求。尺寸线与图形轮廓线间距离约为6 mm。

(7)绘图中要合理布置各分图的位置:匀称布置各图,画出各图的稿线,经校对无误后,再用HB铅笔或B铅笔加深粗实线,用H铅笔加深细线(包括尺寸线、尺寸界线等均应细而浓),最后标写尺寸数字和书写汉字。

(8)绘图质量:作图准确,图面布置匀称;图线粗细分明,同一线型的宽度保持一致。

4. 绘图步骤

(1)画图前要仔细阅读《道路工程制图与识图》第11章的内容,读懂所绘图样,掌握所绘构造物的构件及投影特性。

(2)根据比例布置各图的位置。

(3)画各图的基准线,其中立面图和侧面图以桥面线为高度方向基准线,长度方向以桥纵向对称线为基准线。平面图以桥中心线为基准线。

专业班级		姓　名		学　号		日　期		评　阅	

(4)用淡铅笔轻轻画各主要构件的轮廓线。

(5)画细部线条,不清楚的地方可参阅《道路工程制图与识图》第11章桥梁构造图。

(6)检查正确后,用2B软铅笔加深图线。

(7)最后标注尺寸,注写必要说明等。

(8)立面图中里程桩号符号直径 D 采用6 mm或8 mm,标高符号为45°等腰直角三角形,高标高符号为45°等腰直角三角形,高2.5 mm。

5. 说明

分题1:

(1)栏杆扶手在立面图中可省去不画,在平面图中由于比例小不易画清楚,可适当放大画出。

(2)T形梁:T形梁及横隔板等尺寸可参阅《道路工程制图与识图》第11章图11.18、图11.19和图11.21。

(3)桥墩:当中2个桥墩包括立柱和桩基的尺寸可参阅《道路工程制图与识图》第11章图11.14。

(4)两侧桥台尺寸可参阅《道路工程制图与识图》第11章图11.13。

分题2:

(1)相同构件的尺寸仍如分题1。

(2)梁格系统的尺寸,即是横隔板与主梁的底宽尺寸,可参阅《道路工程制图与识图》第11章图11.18、图11.19、图11.20和图11.21。

(3)中块及边块空心板横断面,圆孔应布置均匀,未给尺寸的铰缝可不画。

专业班级		姓　名		学　号		日　期		评　阅	

练习一　使用 AutoCAD 绘制图形

(1)完成该图形的绘制,并绘制 1—1 剖面图。

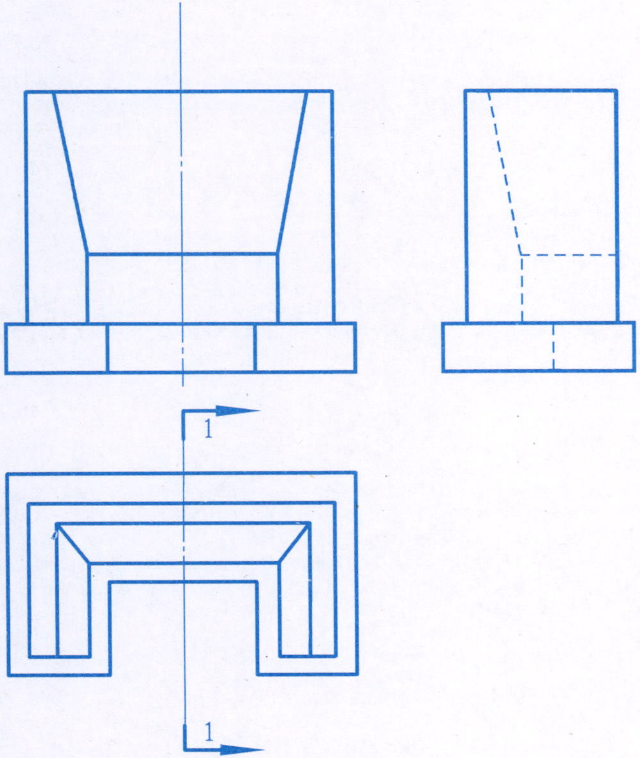

(2)

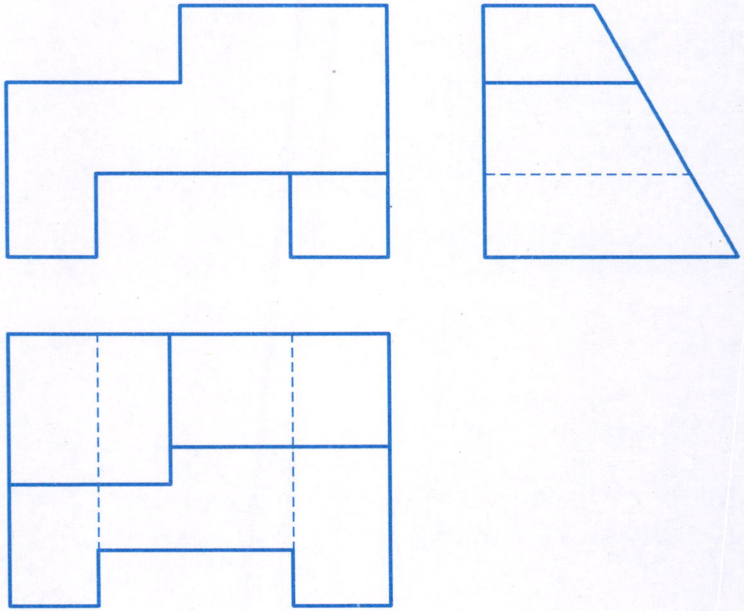

专业班级		姓　名		学　号		日　期		评　阅	

(3)

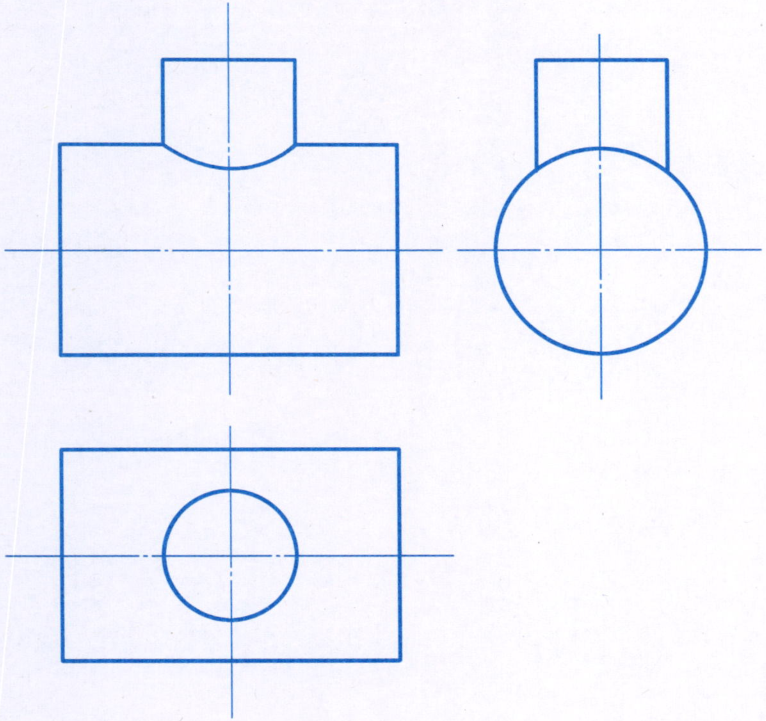

(4)

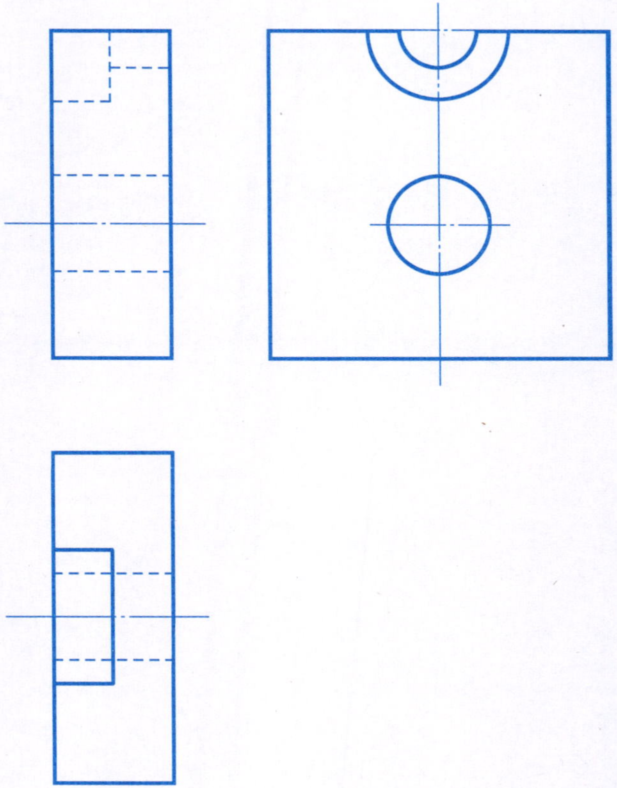

专业班级		姓　名		学　号		日　期		评　阅	